封面說明

滄浪亭是蘇州最古老之園林，也是以亭爲名的唯一園林，滄浪亭爲北宋詩人蘇舜欽所興建，南宋時爲抗金名將韓世忠之官邸，自北宋至清初曾屢易其主，歷經興廢，康熙年間重修時，將臨水之滄浪亭改建於土丘之上，道光七年重修時，增建吳郡五百名賢祠於園內，此後亦經破壞重修，現亭爲康熙時舊址，亭內石橙石桌仍爲當初古物，現亭題額「滄浪亭」三字，爲清末名士俞樾所書，亭北之石柱上鐫有對聯一副，亦爲俞樾所書，聯爲「清風明月本無價，近水遠山皆有情」，上聯出自歐陽修之《滄浪亭》詩，下聯則出自蘇舜欽《過蘇州詩》，爲道光年江蘇布政使梁章鉅之妙對。

石永昌編著

蘇州狀元石韞玉

乾隆庚戌一七九〇

文史哲出版社印行

國家圖書館出版品預行編目資料

蘇州狀元石韞玉：乾隆庚戌一七九〇／石永昌
編著. --初版. -- 臺北市：文史哲,民 90
面； 公分
ISBN 957-549-400-7 (平裝)

1.（清）石韞玉 – 傳記

782.874 90020917

蘇州狀元石韞玉：乾隆庚戌一七九〇

編著者：石永昌
出版者：文史哲出版社
登記證字號：行政院新聞局版臺業字五三三七號
發行人：彭正雄
發行所：文史哲出版社
印刷者：文史哲出版社
臺北市羅斯福路一段七十二巷四號
郵政劃撥帳號：一六一八〇一七五
電話 886-2-23511028・傳真 886-2-23965656

實價新臺幣二二〇元

中華民國九十年十二月初版

ISBN 957-549-400-7

竹堂居士像贊（自題）

大海一浮漚，生滅無定相，覺性亦如是，千變而萬化；
四大既和合，忽然而為人，寄形在宇宙，各各成名相；
或現宰官身，或居士長者，優婆塞夷等，種種自分別；
豈知真面目，不在穢草囊，靈臺一點光，遍滿十方界；
我今與眾生，有此一息緣，聊於常寂光，留此莊嚴相。

取材自《獨學廬初稿》

石公韞玉畫像

取材自周劭著《葑溪尋夢》，蘇州古吳軒出版。

石公韞玉石刻像放大

吳郡五百名賢祠內景

吳郡五百名賢祠內部份石刻名賢像，
中排右起第二位為石公韞玉。

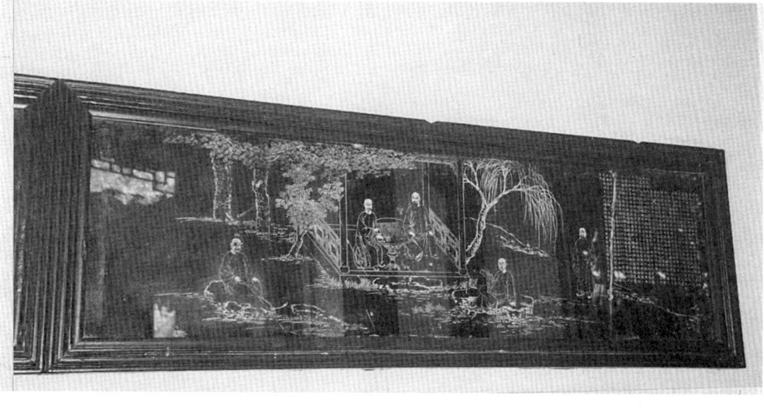

滄浪亭右側迴廊壁間，五老圖平面石刻，
最左一位作垂釣狀者為石公韞玉。

蘇州金獅巷街景為石家老宅五柳園所在地

蘇州金獅巷民宅上釘有藍牌者內有明清古屋已由蘇州文物管理處列管不知是否有五柳園殘屋否

湘江紹興蘭亭八景之一「蘭亭碑亭」，亭內石碑蘭亭二字，為康熙所書，文革時被砸成四塊，現已修復。

蘭亭八景之一「曲水流暢」處

蘭亭八景之一「王右軍祠」祠內「墨華亭」右側走廊壁間，《顛倒蘭亭序》至今尤存，一九九〇年，筆者夫婦與蘭亭所長胡雄合影留念。

墨寶之一：石公韞玉手稿

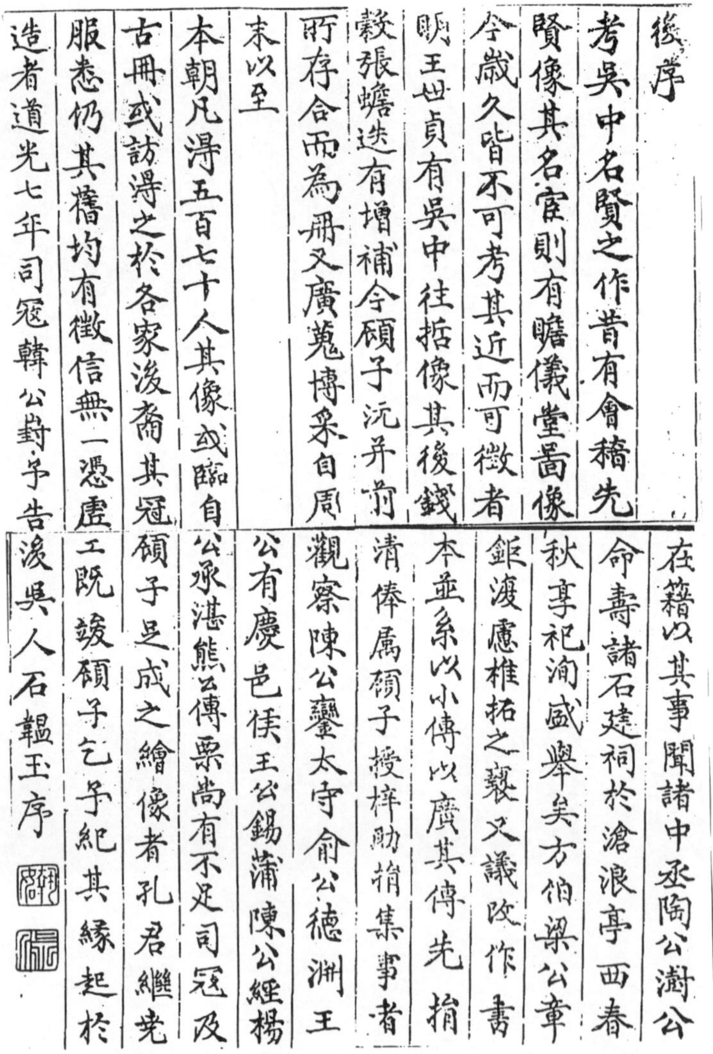

後序

考吳中名賢之作昔有會稽先賢像其名宦則有瞻儀堂畫像今歲久皆不可考其近而可徵者明王世貞有吳中往哲像其後錢穀張蟾送有增補今顧子沅并前所存合而為冊又廣蒐博采自周末以至

本朝凡得五百七十人其像或臨自古冊或訪得之於各家後裔其冠服悉仍其舊均有徵信無一憑虛造者道光七年司寇韓公葑予告在籍以其事聞諸中丞陶公澍公命壽諸石建祠於滄浪亭西春秋享祀洵盛舉矣方伯梁公章鉅復慮椎拓之艱又議改作書本並系以小傳以廣其傳先捐清俸屬顧子授梓勸捐集事者觀察陳公鑾太守俞公德淵王公有慶邑侯王公錫蒲陳公經楊公承湛熊公傳栗尚有不足司寇及顧子足成之繪像者孔君繼堯工既竣顧子乞予紀其緣起於後吳人石韞玉序

墨寶之二：〈吳郡五百名賢圖傳贊後序〉，取材於台北廣文書局印行之《吳郡五百名賢圖傳贊》。

墨寶之三：蘇州寒山寺，寒山拾得殿後，
觀音石刻像上題額。

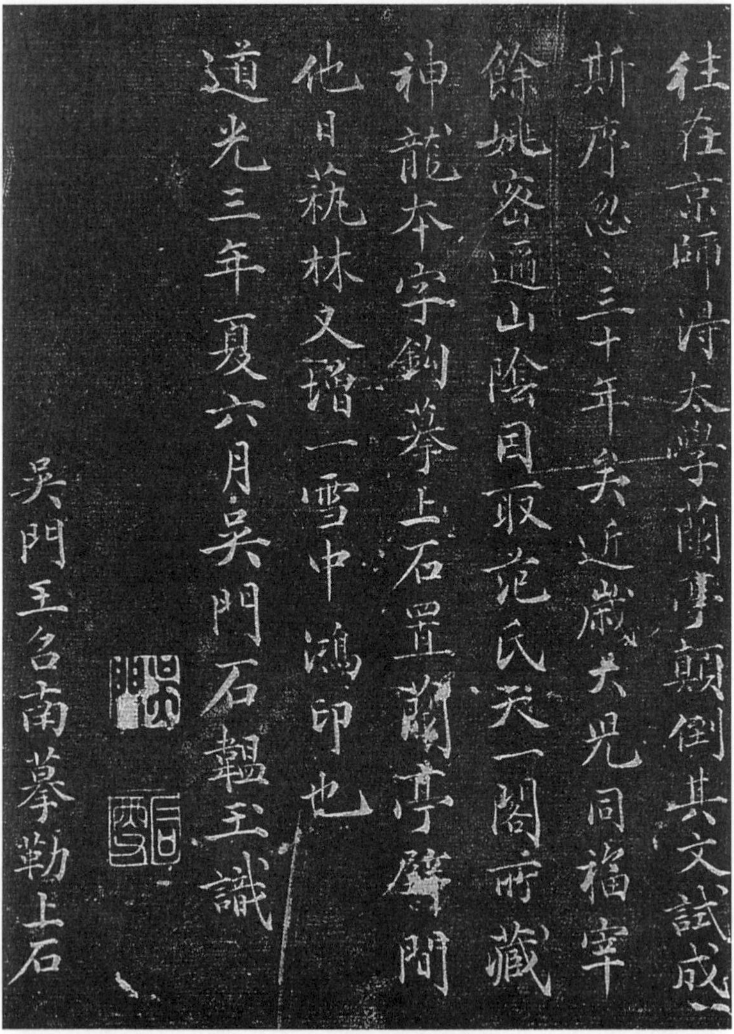
往在京師時太學蘭亭顛倒其文試成
斯序忽忽三十年矣近歲大兄同稽宰
餘姚客遊山陰因取范氏天一閣所藏
神龍本字鉤摹上石置蘭亭壁間
他日藝林文譜一雪中鴻印也
道光三年夏六月吳門石韞玉識
吳門王名南摹勒上石

墨寶之四：記述《顛倒蘭亭序》，創作及置於
蘭亭壁間始末。

墨寶之五：諸葛丞相出師表，拓自四川成都武侯祠。

墨寶之六：取材自《歷代名人楹聯墨跡》，
上海人民美術出版社出版。

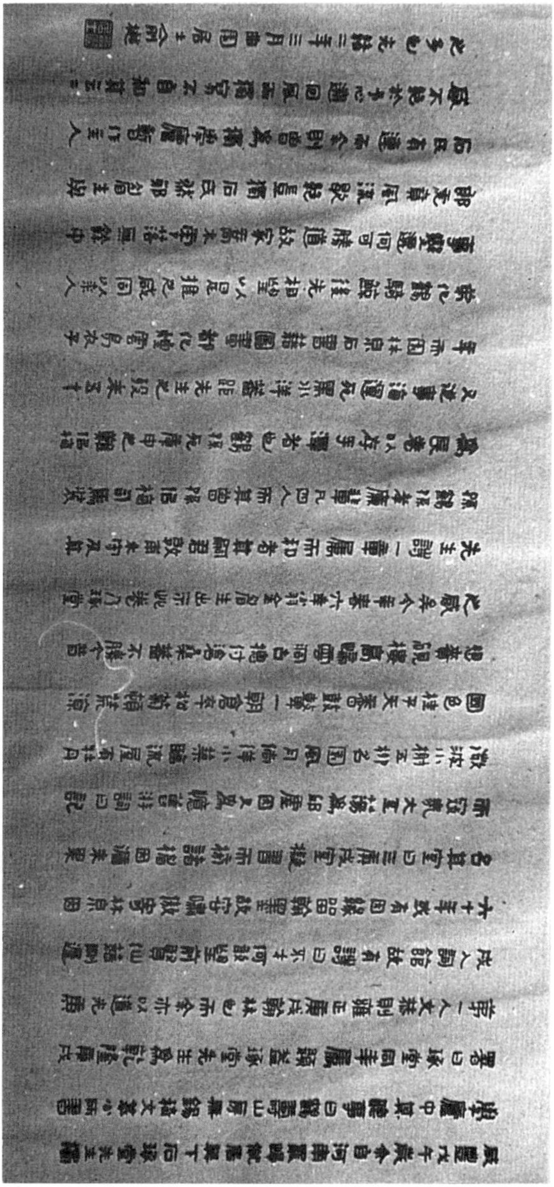

俞曲園先生在琢堂公手澤卷後題跋

蘇州狀元石韞玉——乾隆庚戌（一七九〇）

目　錄

一、緣起代序

在科舉沒有廢止之前，狀元這個稱謂，是所有讀書人夢寐以求的最高榮銜，一旦高中狀元，雖不一定成爲駙馬爺，或相國的乘龍快婿（小說家言），但從此平步青雲倒是眞的，有清一代，一共二百六十七年，祇出過一百一十四位狀元（蘇州占二十六名，爲全國之冠），可見狀元亦不多見。

筆者出生於民國，科舉早已廢除，祇知道行行出狀元，狀元已不是讀書人的專利了；及至來台初期，狀元這個名詞，卻被媒體炒熱了，小學畢業考初中，男女生榜首往往稱爲男女狀元，初中考高中，又產生了另一批的男女狀元，大學聯考，除掉最高分尊稱爲狀元外，系有系狀元，組有組狀元，一年不知要產生多少個狀元，當時一經放榜，登上榜首，馬上賀客盈門，記者訪問，接踵而至，父母也引以爲榮，後來也就慢慢地淡了下去，雖然現在已不再在媒體上宣揚，能夠考取最高分的，還是被人重視，因爲得來實在不易。

筆者幼年的時候，常常聽到家人說起，我家在清朝乾隆年間，也出過一個狀元，家人都尊稱他爲狀元老太爺，以及講些有關他的一些小故事，當時我也就聽聽罷了，未加追問，甚至連他名諱也不知道，當然也不知道？他的學問有多大、做過什麼大官、是不是一個好官等等；及長，方知狀元老太爺諱韞玉，字執如，號琢堂，是筆者的六世祖（高高祖；也有稱謂玄高祖），是乾隆庚戌年的狀元，而且我家還保有他的巨著《獨學廬詩文稿全集》、《暮春修禊序》（顛倒蘭亭序）的拓片，以及他的手澤長卷，均爲我家傳家之寶，三十八年（一九四九）來台，僅攜出手卷，其餘均寄存蘇州親戚家；七十二年（一九八三）退休後，在中央研究院，歷史語文研究所圖書館內，找到海外唯一孤本《獨學廬詩文稿全集》一書，經該所同意，將全集製成微卷縮影兩卷，準備翻印後廣爲流傳，並先放大一部，以便閱讀。

《獨學廬詩文稿》爲一部詩文集，以詩爲主，詩集內容概略爲：唱和、送別、題畫、懷人、記事、記遊、感懷、述志等，其中以記遊爲最多，凡經過之名城、名勝、古跡、寺廟等無不以詩記之，琢堂公曾自豪：「足跡遍九州，奔走燕、趙、齊、魯之間」，可以說是遊記之另一體裁，也是一部編年詩；文章部分則包括賦、頌、讚、疏、銘、論、辯、解、釋、書、傳、記、序、跋、哀詞、祭文、墓誌銘、及公牘等，內容極爲豐富，可供有興趣的學者研究，此緣起之一也。

有關琢堂公之傳記，先祖父循三公曾有撰述，附於手卷之末，但內容簡略；根據《獨學廬詩文稿》內所載，有充實之必要，以彰先人德業，此緣起之二也。

《暮春修禊序》（顛倒蘭亭序），是把王羲之的《蘭亭集序》的三百二十四個單字，一字不多，一字不少重新組合成一篇新的《蘭亭集序》。至今碑文猶嵌在紹興蘭亭壁間，惜有部分殘損，不易辨認，幸於《獨學廬詩文稿》內，可以看到木刻版全文，此一文字功力深厚的傑作，有必要使它再次曝光，公諸於世，此緣起之三也。

蘇州園林之盛，蘇州園林之美，名聞遐邇，於琢堂公之世，我家亦有一園，名爲五柳園，是琢堂公晚年居住、遊憩、吟詠之處，樸學大師俞曲園，亦曾寄居於此，可惜此園燬於太平軍之役，但於《獨學廬詩文稿》中，依稀可以看到此園之規模，特爲文追述，以誌其盛，此緣起之四也。

《浮生六記》一書於民國二十年前後，是一本風行一時的小說，凡高中程度以上的人，可以說都讀過此書，但當時六記僅有四記，民國三十四年，勝利復員回京，市面上已可看到足本的《浮生六記》，當時就有人懷疑其眞實性，因爲沒有得到其他的證據，不敢武斷。筆者從《獨學廬詩文稿》中，可以證明沈三白是隨第六度册封使齊鯤到過琉球，而不是第五度册封使趙介山的從客，時間是在嘉慶十三年（戊辰年）而不是在嘉慶五年（庚申年），兩者之間相隔九年之久，因此《足本浮生六記》中的〈中山記歷〉這一記，是好事者所僞造至爲明顯，〈中山記歷〉旣爲僞作，則〈養生記逍〉不問而知，也是僞作無疑，此緣起之四也。

筆者讀書不多，文字笨拙，又無寫作經驗，生搬硬套、雜湊成篇，尚請閱者包涵。

二、《蘭亭集序》與《暮春修禊序》

東晉永和九年（西元三五三年），歲在癸丑，三月初三日，書聖王羲之，與當時老少賢達之士，如：謝安、孫綽、孫興公、王彬之，以及他的子姪輩：獻之、凝之、徽之等四十一人，爲了修禊（每年三月初三，在水邊盥洗，以拔除妖邪）的事，在會稽山陰（今浙江紹興縣）的蘭亭（蘭亭在紹興西南十三公里的蘭渚山下，相傳爲越王勾踐種蘭之處，漢代爲驛亭所在，因此而得名）聚會；該地有崇山峻嶺，與修長茂密的竹林，又有清澈見底的溪流，曲折的經過蘭亭左右，大家沿著溪流而坐，雖然沒有絲竹管弦來助興，但裝了酒的杯子，一杯一杯順著溪流而下，一面飲酒、一面賦詩，其樂可知，加以天氣晴朗無雲，暮春的和風，吹到身上，特別感到暢快，在如此天時、地利、人和的環境下，足可痛痛快快地抒發幽雅的情思；四十一人中，有十五人不能賦詩，各罰酒三大杯，其餘二十六人，共賦詩三十七首，王羲之、謝安、孫興公等十一人，賦四言、五言各一首，王豐之等三人，各賦四言一首，郗曇、孫嗣等十二人，各賦五言一首，王羲之並於醉後，爲此次雅集，作了一篇序，記述當時盛況，及個人的感懷，這篇序文，就是傳誦千古的《蘭亭集序》，此文結構精潔，行文流暢，內容富有哲理，加上王羲之的書法，瀟灑飄逸，媚中含勁，爲我國文學及藝術史上一大瑰寶，不朽的傑作。茲抄錄原文於後：

永和九年，歲在癸丑，暮春之初，會於會稽山陰之蘭亭，修禊事也。群賢畢至，少長咸集。此地有崇山峻嶺、茂林修竹，又有清流急湍，映帶左右，引以爲流觴曲水，列坐其次，雖無絲竹管弦之盛，一觴一詠，亦足以暢敘幽情。是日也天朗氣清，惠風和暢，仰觀宇宙之大，俯察品類之盛，所以遊目騁懷，足以極視聽之娛，信可樂也。夫人之相與，俯仰一世，或取諸懷抱，悟言一室之內，或因寄所託，放浪形骸之外，雖趣舍萬殊，靜躁不同，當其欣於所遇，暫得於己，怏然自足，不知老之將至，及其所之既惓，情隨事遷，感慨係之矣，向之所欣，俛仰之間，以爲陳跡，猶不能不以之興懷，況修短隨化，終期於盡，古人云：死生亦大矣，豈不痛哉！每攬昔人興感之由，若合一契，未嘗不臨文嗟悼，不能喻之於懷，固知一死生爲虛誕，齊彭殤爲妄作，後之視今，亦由今之視昔，悲夫！故列敘時人，錄其所述，雖世殊事異，所以興懷，其致一也，後之攬者，亦將有感於斯文。

這篇序文，是用鼠毫筆，寫在蠶繭紙（絹）上，有二十八行，每行十八字，共三百二十四字，且重字另構別體，字裡行間，流露出當時乘興揮毫，一氣呵成的氣勢，是他得意之作，他自謂「有如神助」，後來他又重複寫了數十遍，竟然都不及原作，因此他自己也特別珍愛，傳給子孫，以爲傳家之寶，一直傳到七世孫智永（五代時人，也以書法傳世，曾經閉關，花費了十年時間，寫出多至八百本的千字文，唐宋以來的名書法家，都受其影響），智永是位和尚，在浙江永欣寺修行，以無子孫可傳，遂傳給弟子辯材，辯材亦把它看得比性命還重要，輕易不以示人。

唐太宗得知此事，有心據爲己有，乃下召辯材到長安獻寶；哪知辯材心不情願，竟作贋品呈獻，太宗看了，不動聲色，把辯材留在長安，另外派人到永欣寺去搜尋，結果一無所獲，只得把辯材放了回去。

這時大臣房玄齡獻計，推荐御史蕭翼，喬裝成文士模樣，到浙江去設法接近辯材：辯材遇見蕭翼之後，兩人談文論藝，十分投機，頗有相見恨晚之感，兩人私交既篤，就得任意出入方丈之室，再經過一段時間的交往，終於誘使辯材出示蘭亭眞跡；於是蕭翼乘辯材外出之際，進入方丈室竊取，還命令辯材一同回京面聖；辯材由於事情敗露，驚嚇過度，回到浙江後，即含恨而終。

唐太宗得此至寶，自然歡喜，乃命供奉內廷的趙模、馮承素等，分別據原跡描摹，摹成若干複製品，賞賜給太子、諸王及近臣，而當時書法名家如歐陽詢、虞世南、褚遂良等，都有臨本，並經石刻傳世；最後眞跡隨太宗陪葬昭陵，眞跡從此在人間消失。

《蘭亭集序》之臨摹本或拓片，自唐宋以來，一直爲文人雅士收藏的對象，除唐太宗時代臨摹各本外，後世公私摹刻者亦不少，根據記載，收藏最多者，竟有二百多種，爲歷代名人書跡流傳最廣者，蘇東坡有詩云：「蘭亭繭紙入昭陵，世間遺跡猶龍騰」，正是說明此一現象；因此有人認爲唐太宗以一己之私，不惜不顧帝皇尊嚴，竊取蘭亭，又將之陪葬，値得非議，而《蘭亭集序》的如此廣爲流傳，亦功不可沒；因爲中國有很多名貴文物，收藏者敝帚自珍，輕易不與人共賞，最後不是被毀，就是不知所蹤。

以上是唐太宗計賺蘭亭眞跡的故事，還有一個出在清代，與蘭亭有關的故事，也值得一提，故事的主角是《四庫全書》的總編輯紀曉嵐大學士，當他原配夫人故世之後不久，有一天，乾隆皇帝問起他說：「你是一位大文豪，你夫人故世之後，有沒有悼亡之作」？紀曉嵐不加思索，立即回道：「我最近身體不好，提不起精神來寫文章，但是六十年的結髮夫妻，一旦先我而去，傷痛之心，自所難免，所以抄襲了古人說過的話，以代替我的心聲」；乾隆立刻追問道：「你所指古人說道話，是什麼呢？」於是紀曉嵐立即高聲朗誦了《蘭亭集序》中的一段文章：

> 夫人之相與，俯仰一世，或取之懷抱，晤言一室之內；或因寄所託，放浪形骸之外。雖取捨萬殊，靜躁不同；當其欣於所遇，暫得於己，快然自足，不知老之將至。及其所之既倦，情隨事遷，感慨係之矣。向之所欣，俛仰之間，已爲陳跡，猶不能不以之興懷，況修短隨化，終期於盡。古人云：「死生亦大矣。」豈不痛哉！

乾隆聽了，哈哈大笑，不得不佩服他的鬼才。原來原文的「夫」字，要念作「扶ㄈㄨˊ」是發語詞，而紀曉嵐則把「夫」字，念作「膚ㄈㄨ」，「夫人」兩字連起來，就是「妻子」的意思，這樣一改，與原作的文意，就完全不同了，變成了一篇絕妙的悼亡之作了。

《蘭亭集序》的文章與書法，可以說是世上罕有的完美作品，千百年來，讀書人都讀過蘭亭，也都臨過蘭亭，也都收藏過蘭亭；甚至有些人家的庭園、書齋、廳舍、樓閣等，都要用蘭亭的字來題額，可見大家對蘭亭喜愛的程度，因爲喜愛，有些人爲《蘭亭集序》取一個自己喜歡的暱稱，所以《蘭亭集序》的別稱也特別多，諸如：《蘭亭序》，《蘭亭集》、《蘭亭敘》、《蘭亭修禊序》、《蘭亭詩序記》、《修禊序》、《曲水序》、《蘭亭文》、《禊飲序》、《禊帖》等，但從沒有稱謂過《暮春修禊序》。

《暮春修禊序》又稱《顛倒蘭亭序》，是把《蘭亭集序》的三百二十四個字，重新組合寫了一篇與《蘭亭集序》意義相同的文章，仍然記述永和之遊，《暮春修禊序》亦可稱《顛倒蘭亭序》，正確的稱法要加註「重次蘭亭字」這幾個字，不然可能被誤認為《蘭亭集序》的另一別稱，重次的意義，是把一篇文章原有的單字，一個字不多，一個字不少，改寫成另一篇文章，至顛倒二字，容易會意，而不符實際，特將此文錄後。

暮春修禊序 重次蘭亭字

若夫放懷今昔，浪跡山林，所以領稽古之幽情，敘懷人之朗抱也，當其春流將至，清風蹔生，每列時流，嘗懷盛事，歲又癸丑，日既云禊，諸賢惠然，將事有期，于是引清絃，攬虛竹，左長老，右故知或騁目於暮山，或寄骸於斯室，仰映崇宇，俯帶躁湍，曲和亭陰，觴臨水次，修能竹契，和氣蘭知，興與人同，趣隨天暢，悟有為之相，喻不死之因，俯今仰昔，娱彭悼殤，得列坐之於於，託感懷之一一，暢哉此會；雖快足無以不有，所述豈文人能事，為大化自遷，聽之於盡，不及攬其品類，錄其殊茂，合初終之感，係後世之懷，不亦可嗟矣；夫樂生痛死，所惓之妄也，興修悲短，所察之誕也，一取一舍，固視世宙之爲，一感一興，亦極文情之至，況在萬年之峻地，爲九老之盛遊，絲管畢陳，觴詠間作，靜言未永，後會猶修，雖人已異，由亦欣慨咸集，不隨不激，視之足以齊俛仰之形，以興以群，信之足以一內外之遇，視其所以，觀其所由，雖向之所敘，大致亦不少殊也矣。

《顚倒蘭亭序》的作者，是筆者的高高祖，諱韞玉，字琢堂，是清乾隆庚戌第一人，於任職翰林院修撰時所作，在那個時代，文章沒有發表的園地，最多友人間相互傳誦而已，所以知道的人也不多，後世亦很少有人提起這篇文章，而我能知道這篇文章的存在，是在初中畢業那一年（一九三三年），先祖父循三公，要我把《顚倒蘭亭序》的拓片，送給教導我三年的杭州私立宗文中學校長鍾毓龍先生，以示感謝之意，鍾校長是前清舉人，在杭州頗有名望，精於中國地理，尤擅篆書；當先祖父把拓片交到我手上時說：這是你高高祖琢堂公，所撰的《顚倒蘭亭序》，原碑在紹興蘭亭，這是我最早接觸《顚倒蘭亭序》的開始。

當時我並不在意，對於家傳傑作，並沒有把他當作一回事，甚至連拓片內容也沒有看清楚，來台後，因忙於公務亦未想起，七十二年（一九八三年）退休後，偶爾想到，這篇文章應該是一件了不起的作品，而知道的人，可能不多，也許衹有我一個人，因此我有責任把它找出來，與國人共賞；但是蘭亭遠在紹興，兩岸探親尚未開放，從哪裡去找尋呢？後來想到，琢堂公曾有《獨學廬詩文稿全集》問世，這篇《顛倒蘭亭序》，可能蒐集在這部全集內；《獨學廬詩文稿全集》我家曾有一部，是先祖父在寧波舊書攤中購得，可見當時已不可多得，抗戰前寄放在蘇州，勝利後還去看過，來台時未及攜出，因此曾到中央圖書館去查過，沒有這部書，感到很失望，認為在台灣已不可能找得到了，大陸文革之後，有亦已成灰燼，蘭亭是否仍保有此文碑石，亦是未知之數。

有一次與孫尚志兄談及此事，承他轉託蘇同炳（莊鍊）先生，在中央研究院、歷史語文研究所、圖書館內查到了這部書，眞要感謝孫、蘇二位的熱心幫助，更要感謝傅斯年先生，把這部鮮為人知的詩文集，從大陸帶到台灣，很可能已是海內外唯一孤本。

最初，我想重印這部書，分贈親友及各大圖書館，以廣流傳，乃向中央研究院攝得微卷縮影兩卷，共計一仟四百五十一張，並放大一部，以便閱讀、了解其內容，後因費用無著，只好暫作罷論。閒時翻閱《顚倒蘭亭序》，果然收集在內，不過正確的題目是：《暮春修禊序》重次蘭亭字。

後來，兩岸開放探親，乃於民國七十九年（一九九〇年），偕內子專程赴紹興，同遊蘭亭古跡，在右軍祠殿前墨華亭右側之粉牆壁上，果然嵌有此碑，當時心情，如獲至寶，欣喜萬分，遂與內人黃綺武女士及蘭亭所長胡雄先生，在碑前留影，以誌紀念，返台後，胡雄先生寄來拓片，盛情難忘；可惜碑石已有部份磨損、斷裂，因而字跡亦不能完全辦認，如無木刻版對照，就難窺其堂奧矣！

從此碑跋文中，方知此碑係於清道光三年（一八二三年），琢堂公的長子同福公，出掌餘姚令時，用寧波天一閣收藏的《蘭亭集序》的字，刻石成碑，嵌於蘭亭壁上，距今已有一百七十餘年，其命運要比琢堂公在成都武侯祠，所留下的《前後出師表》石碑，要好得太多；民國八十年（一九九一年）遊武侯祠時，遍尋不著，後來方知，文革後，重修武侯祠時，因字跡不清，已將石碑自壁間除下，另行保管，我曾經託友人在成都文物管理處，取得拓片之影印本，亦難能可貴矣！

重次一篇古人的文章，最早出現在《千字文》的重次，琢堂公重次《蘭亭集序》

的靈感，應該來自重次《千字文》，但重次後的《千字文》，都同文異義，而《顛倒蘭亭序》則同文同義，是非常高難度的作品，可以說：前無古人，未見來者之傑作；琢堂公在題徐霞客像讚中，有句云：「不恨我不見古人，常恨古人不見我耳。」以他重次蘭亭字的功力，絕非自大之詞。

琢堂公除以蘭亭字，重次爲《暮春修禊序》外，還用蘭亭字，作了十首五言律詩，雖爲遊戲之作，亦不可多得，值得一讀：

集禊帖字成五言律十章

一歲春將盡，同人向此臨，靜聽流水曲，若在古山陰，幽契猶蘭室，
清言又竹林，諸賢咸作者，敘錄盛於今。

萬年同一昔，爲樂及其時，古跡陳猶在，清遊聽所之；林陰因水曲，
風信與蘭期，不盡懷人抱，長言寄故知。

盛會期初地，幽娛集可人，詠言懷在昔，絲竹氣知春；坐向林間列，
觴於水次陳，靜觀今古事，悲樂每無因。

遇合隨當世，風流樂此生，管絃娛禊會，述作得文彭；稽古已無跡，感春殊有情，遊觀嘗永日，山水向人清。

人視彭咸老，山齊少室崇，靜觀林外水，暫坐竹間風；大化無修短，群言有異同，古今一俯仰，相感在初終。

天宇清和後，群生得氣初，閒遊遇蘭若，幽跡在林於；臨水知山盡，因風悟竹虛，文人樂稽古，其地故無諸。

虛室當山靜，長林帶水幽，時賢於此遇，故事又同修；天趣暢無極，人情和不流，快哉今日會，豈異永和遊。

世間同向盡，賢者以文娛，大樂人人得，清流事事殊；林亭諸品靜，觴詠一時無，老至言懷抱，猶能感萬夫。

詠春時品竹，娛老或陳觴，文爲懷賢作，言因述事長；坐間九流集，室外一山當，領得幽人致，風情永寄將。

賢者生斯世，群情無間然，幽蘭與同誕，古竹或齊年；知已懷清老，風人有樂天，修和由氣化，欣感不能遷。

前面提到，最早出現的重次文章，是重次《千字文》，而《千字文》的創作，是把一千個固定不同的字，組合成一篇文章，雖非重次，也可以說是初次。

南北朝時代，南朝梁武帝，因酷愛王羲之的書法，大量收集，命殷鐵石拓出一千個不同的字，供諸王臨寫，又命中郎蕭子範，文學侍從周興嗣編成一篇韻文，因此《千字文》最初有二本，但蕭本不傳，據說周興嗣花了一整夜的時間，編成一篇能誦讀的文章，武帝非常欣賞他，編得又快又好，並予以特別獎勵，傳說周興嗣因用腦過度，一夜間頭髮都全白了；另說武帝曾自製《千字詩》，不知是否即此《千字文》。

興嗣的《千字文》，四字一句，二句一韻，好讀易記，內容包括：天文、地理、宮室、器服、禮樂、法制、飲食、遊覽、以及製作技藝、敦品勵學等等，可以說無所不包，又用王羲之的字體，把一千個不同的字寫出來，作爲識字、讀書、習字三位一體的教科書，一經頒佈，便成爲人人必讀、必寫的範本，一直流行了一千多年，可惜到了民國，有了新的教科書，這本千字文，就很少有人讀過了。

唐朝，有位進士周逖，重次爲《天寶應道千字文》，因宰相陳希烈，認爲其中枇杷二字依舊，難稱盡善，沒有向上呈，文章也就散失而不傳。其實《顛倒蘭亭序》

中，癸丑二字，亦未折散，幸而未遭出局之厄運。

明朝，有華亭董其昌，仁和卓人月，餘姚呂章成都重次過《千字文》，董本泛述大地古今之事，卓呂二本，作於崇禎年間，卓本推言洪武以來的事跡，呂本則頌揚莊烈初年之政績。以上三本，於乾嘉年間，尚可看到，不知現在還存在否？

清乾隆時，有司空彭元瑞，重次《千字文》，跋《御製全韻詩》；另有王君念豐，爲琢堂公好友，亦重次興嗣文，跋《御製新樂府》；以上兩文，不知故宮博物館是否還可以查到？

據聞我國近代國畫大師，愛新覺羅溥儒心畬先生，曾著有《新千字文》，係異文異詞的千字文，奇思異想，較之重次千字文，更有過之，並親筆分別以楷書、行書及草書三種書法繕寫十餘本，典藏於外雙溪故宮博物館。希望故宮博物館，能公開展覽或發表，與國人共嘗之。

三、《足本浮生六記》五、六兩記考

《浮生六記》一書，有人說：是一本眞正寫實的文章，也有人說：爲自傳體裁開一先例，無論如何，它是一部以簡單、率眞、細緻的筆墨，敘述作者平凡、簡樸的生活，和夫妻間至情至性的愛，令讀者隨其筆觸所至，有哀樂與共的感覺，不知不覺地墜入其感情生活之中，是一篇雅俗共賞、老少咸宜的文學作品。

《浮生六記》一書，是在清朝光緒初年，獨悟菴居士楊引傳，在蘇州冷攤中發現的，當時六記已缺其二，僅存前四記，因有陽湖管氏所撰《浮生六記・六絕句》，始知所缺五、六兩記爲〈中山記歷〉及〈養生記逍〉；直到民國二、三十年前後，市面上就出現了《足本浮生六記》，據說是出版商王均卿，也是在吳中冷攤上覓到的，並予刊印，由於新書的五、六兩記的文字風格，與原四記全然不同，既不足與前四記相與媲美，並多矛盾之處，因此有人認爲，係好事者所僞造，或有移花接木之嫌，即爲

《浮生六記》作考證之趙苕狂，亦說：「究竟靠不靠得住，是不是和沈三白的原本相同，我因爲沒有得到其他的證據，不敢怎樣的武斷得！但我相信王均卿先生，是一位誠實君子，至少在這一方面，大概不致有所作僞吧！」

認爲僞造或移花接木之嫌的冷凝人君（高雄河畔出版社出版之《眉批詳註浮生六記》的眉批作者）其所列疑點爲：

〈中山記歷〉是記述沈三白一生中一件大事，是沈三白琉球之行，奈何於〈坎坷記愁〉及〈浪遊記快〉中未落一筆，復從時間上推算，沈三白果於嘉慶五年（庚申年）五月初一日乘船出發，十月二十五日始揚帆返國，而在同年〈浪遊記快〉中，八月十八日卻與友人作西山之遊，因此認爲是否到過琉球都值得懷疑；至於〈養生記逍〉則認爲其文章多近語錄體，顯與前四記迥異，絕非出於一人之手，明眼人一看便知。

上述疑點，有時間與地點上之矛盾，冷凝人君復又批說：「沈三白於嘉慶五年（庚申年）前往琉球，絕不可能，或認爲沈三白記憶有錯而爲嘉慶六年（辛酉年），但於前四記中，亦無法容納，如果說沈三白是在丁卯年（嘉慶十二年）之後才去的話（因爲〈浪遊記快〉中最後一年爲丁卯年），則文章中又有矛盾之處，如：稟告吾父，允以隨行，而其父早於嘉慶九年（甲子年）春逝世，已無從稟起；所以這篇文章僞造或移花接木的成分居多」；但我認爲僞造的可能不大，因爲這篇文章，不是一般旅遊者能寫得如此深入，定有所本，所以移花接木的可能性最大；無論僞造或移花接木，都是僞作，至爲明顯。那麼沈三白到底哪一年去了琉球？究竟去過沒有？有加以考證之必要，如果根本沒有去過，則連〈管氏六絕句〉都成了問題。

《浮生六記》中，〈坎坷記愁〉及〈浪遊記快〉兩記最後幾段，都提到有關他與石琢堂（是筆者的高高祖）的交往，而琢堂公的《獨學廬詩文稿》中，有四首詩詞與沈三白有關，可以證明沈三白確實到過琉球，是清朝第六度册封琉球國王的使者齊北瀛的隨員，而不是趙介山的從客。

現在先來看看，沈三白與琢堂公的關係。

在〈坎坷記愁〉及〈浪遊記快〉中，沈三白提到他與琢堂公是總角之交，沈三白生於乾隆二十八年（癸未年，西元一七六三年），琢堂公生於乾隆二十一年（丙子年，西元一七五六年），兩人相差七歲，沈三白住在蘇州滄浪亭附近，琢堂公則出生於金獅巷（又名經史里），兩地相距甚近，但不可能是鄰居，他們相交一定是在同一私塾中的同窗好友，由於琢堂公的連年趕考或遊幕外地，所以後來往來並不密切，直到芸娘死後（嘉慶八年癸亥年），接著父親又去世（嘉慶九年甲子年），而他的兄弟竟不通知他，還是他的女兒青君去信報喪，才知道這個惡耗，由揚州趕回蘇州奔喪；回家後即入幕守靈，他的兄弟怕他回來爭產，竟暗地召集了許多人，氣勢洶洶的向他討債，說是他父親生前所欠下的，幸而其中一人將此祕密告訴了他，三白氣極了，把兄弟好好的數落一番，然後辭別老母離家，有出世之想，經友人勸阻，並說石琢堂將告假回籍，到時候請他給你安置一個位置，離開這傷心之地；隨後琢堂公（嘉慶十年乙丑年）回蘇州接眷赴重慶知府任所時，三白乃得隨行，溯長江而上，至荊州，得知已調任潼關商道，於是琢堂公隻身入川，辦理交換後，經成都而至潼關任所，眷屬與三白則暫留荊州，居劉氏廢園過年，次年（嘉慶十一年丙寅年）二月，由荊州尋水路至樊城起岸，由陸路到潼關，不久琢堂公又榮陞山東按察使（臬台），因清風兩袖，眷屬一時無法同行，三白亦留下來照顧眷屬，一直等拿到按察使的俸祿後，才派人來接眷，並帶來三白女兒的來信，始知道他唯一的兒子逢森業已夭逝，到了山東，琢堂公知道了這件事，送了他一個姨太太，以慰客途寂寞；由此可知他們的交情絕非泛泛之交。丁卯年（嘉慶十二年、西元一八〇七年），琢堂公因案降調翰林院，又回到了起點；沈三白亦隨之入京，這是關鍵的一年，若是他人不在北京，不可能會有人請他去琉球，所以如果沈三白去過琉球，一定是在丁卯年之後。

沈三白一生潦倒，而他的知名度卻因《浮生六記》一書，遠超過琢堂公，要不是他在〈坎坎記愁〉及〈浪遊記快〉中，提到他與琢堂公的一段交往，則知道石琢堂這個名字的人，恐就不多了。

那麼，再來看看《獨學廬詩文稿》中，有那些地方記載有關沈三白有關的事與詩呢？

其一：湖北武昌黃鶴樓，爲我國四大名樓之一，琢堂公曾兩次登臨，第一次在赴湘途中，於雨中登樓，第二次是在乙丑年（嘉慶十年，一八〇五年）接眷赴重慶途中，冒雪登臨，兩遊均記之以詩，載於《獨學廬詩文稿》二稿中；沈三白於〈浪遊記快〉中，亦提到在雪中，與琢堂公同登黃鶴樓。

其二：沈三白的畫應該很不錯，因爲他曾經以畫畫爲生，在蘇州、揚州賣過畫，當時蘇揚兩地，是人文薈萃之處，不是有兩手，是不會有人欣賞的，在《獨學廬詩文稿》三稿〈晚香樓集〉中，題陳蓮夫進士倣王石谷山水爲楊補凡（楊爲當時杭州名畫師）作中有句曰：「……我與沈三白，六法有所受，後生張伯雅，暱我稱小友，兩人述楊子，膾炙不離口口……」。由此可知琢堂公的畫也不錯，可惜現在已找不到他的丹青了。

其三：在《獨學廬詩文稿》二稿，〈微波詞〉中，有二首詞是題沈三白的兩幅畫作：

一、**洞仙歌** 題沈三白夫婦，載花歸去，月兒高書畫卷時，其婦已下世矣

春光一舸，趁江流如箭，料想仙源路非遠，問劉綱佳偶，暫謫凡塵，消受過幾度花明月豔。

比肩人已杳，蕉萃崔郎，猶對夭桃舊時面，不用水沉香，百種芳華，早薰得眞眞活現，倘環佩珊珊夜深歸，算只有嫦娥當年曾見。

二、**疏影** 爲沈三白題梅影圖

最傷心處，是瑤臺圮後，芳華無主，不見嬋娟，繪影生綃，翻出招魂

新譜，羅浮夢遠，尋難到，空聽盡，啁啾翠羽，怕夜深紙帳清寒，化作縞雲飛去。從此粉侯憔悴，看亭亭瘦影，相對凝竚，留得春光常在枝頭，人壽哪能如許，二分明月紅橋側，有葬玉一抔黃土，想幽香已殉，瓊花不與蘼蕪同語。

其四：在《獨學廬詩文稿》：三稿〈晚香樓集〉中，有一首詩題沈三白琉球觀海圖，詩曰：

中山瀛海外，使者賦皇華，亦有乘風客，相從貫月楂；鮫宮依佛宇，龍節出天家，萬里波濤壯，歸來助筆花。

從這一首詩中，可以知道沈三白，確實跟隨使節去過琉球，因爲沈三白是一位畫家，他每遊必畫，他於遊西山後，曾繪無隱圖一幅，以贈同遊之竹逸和尚；又於乙丑春，與夏介石一家同遊幞山，曾爲介石畫幞山風木圖十二册，當然他一定到過琉球，才繪出琉球觀海圖，以誌琉球之行。這首詩是載在《獨學廬詩文稿》三稿〈晚香樓集〉中的庚午年的詩稿中（嘉慶十五年：一八一〇年），那麼沈三白一定是在庚午年前到過琉球的了。

現在再回過頭來看看，沈三白是隨哪一位使節去了琉球？

《獨學廬詩文稿》五稿〈花間樂府〉中有一章，題目爲送齊北瀛編修册封琉球，其中有一節：

〈**駐馬聽**〉你看那，玉檢金泥，五色天書題璽紙，豐貂文綺九重莯，弊載雲輜，不數那，謫仙人醉草嚇蠻詞，不數那，漢通侯鑿空探源事，四海皆知是大清朝第六度的琉球使。

從這一章樂府看來，可以知道，第六度的册使是齊北瀛，而且可以確定是丁卯年的作品，因爲琢堂公是在丁卯年罷，官重回翰林院，旋即稱病辭官歸故里，以後再沒有去過北京，所以一定在翰林院時，爲同事齊北瀛賀喜之作，琢堂公也是在這一年，把沈三白推荐給齊北瀛的。

清朝册封琉球，通常是頭一年先由琉球新任國王奏請册封，皇上即指派册封使節，第二年使節由北京出發，約於四五月間，抵達福建省會，這時琉球已派大臣來迎接，然後搭乘當地督撫準備好的船隻及護衛人員，一同前往琉球，册封後，暫留琉球，考察當地民情風俗，於十月間乘原船返國。

第六度册封使，既於丁卯年派定嘉慶十三年戊辰年前往册封應該是不會錯的；還有一首詩，可以證明册封的時間，是在戊辰年，題目爲：

齊北瀛編修惠琉球竹箑，楊補凡爲我作翠微圖，詩以謝之。

卜宅吳山第一峰，小樓深隱翠微中，邦人喚我西湖長，不讓苕溪桑苧翁。

當代丹青楊補凡，此心解與白雲期，二豪盤薄高樓上，正是山中話雨時。

客自琉球國裡回，寄將小扇當瓊瑰，清涼絕勝龍皮扇，如挾風濤海上來。

這首詩是載在《獨學廬詩文稿》三稿〈晚香樓集〉中（嘉慶十四年己巳年）的作品中，齊北瀛自琉球回國，託人寄送了一把竹扇，給當時正住在杭州城隍山下翠微樓的琢堂公，楊補凡乃在扇面上畫了一幅翠微圖，琢堂公以詩謝之。把時間倒推回去，齊北瀛出國的時間，是在戊辰年（嘉慶十三年）也沒有錯。

爲了確實起見，作者曾到中央圖書館，尋找有關琉球的資料，首先找到的是《歷代寶案》，此書爲琉球王朝外交文書、及其文案之集成，係研究近世琉球對外關係之要籍，是項外交文書，有兩種抄本及若干傳抄本，原抄本或毀於地震，或毀於二次世界大戰，現存者爲若干傳抄本之一，亦爲當今傳抄本數量最多者，台灣大學自一九三六年起，歷時五載，抄自沖繩圖書館之久米村天后宮本，現藏內容計有一、二、三集、咨集、別集等五類，共二百四十九册，蒐錄年代自明朝永樂二十二年至清朝同治五年（西元一四一五年～一八六六年）前後共四百四十二年之久，台大鑒於是項資料之價值珍貴，特於民國六十一年（一九七二年）影印十五册，以廣流傳，藉供中外學人研考。在這本書裡有一段，記述第六度册封經過，茲節錄其大要於後：

嘉慶十二年（丁卯）七月初五日奏請册封尚灝，本日奉旨派翰林院編修齊鯤爲正使，工科給事中費錫章爲副使

琉球曾派船一艘，前往福建恭迎。

於嘉慶十三年（戊辰）五月十七日到達，二月十五日先蒙賜誥命，進封於尚成，復蒙諭祭尚溫、尚成（尚溫爲第五度册之中山王，尚溫歿，尚成即位，未及請封病

歿，所以先封後祭）。續於八月初一日，荷蒙宣讀敕封尚灝為中山王。

九月十三日護送回福建。

齊鯤，齊北瀛應該是一個人，第六度冊封的時間，是嘉慶十三年（戊辰），沈三白是齊鯤的從客，是琢堂公於丁卯年回到翰林院後，介紹給齊北瀛的。寫到這裡，《足本浮生六記》中第五記〈中山記歷〉絕不可能為沈三白所撰，至為明顯，因為沈三白是在戊辰年到琉球，而不是在庚申年（嘉慶五年），兩者前後相差九年之久。第五記〈中山記歷〉既出於偽造，則第六記〈養生記逍〉不問而知，亦必出於偽造，無需另行求證。

後來又在中央圖書館藏書中，找到台灣銀行編輯的《清代琉球記錄集輯》，編者吳輻員在弁言中，記述清代封琉球，自康熙元年冊封尚質開始，一直到同治五年冊封尚泰止，凡八使，齊鯤、費錫章為第六使無誤。

八次冊封之年代及冊使如下：

康熙元年遣張學禮、王垓封尚質。

康熙二十二年遣汪楫、林麟焰封尚貞

康熙五十八年遣海寶、徐葆光封尚敬
乾隆二十二年遣全魁、周煌封尚穆
嘉慶四年遣趙文楷、李鼎元封尚溫
嘉慶十二年遣齊鯤、費錫章封尚灝
道光十九年，遣林鴻章、高人鑑封尚育
同治五年遣趙新、于光甲封尚泰

該集輯主要收錄歷次正使或副使之撰述，稱之謂使錄，第六使齊、費二使未見其撰述，僅其從客黃景福著有《中山見聞錄辨異》，並沒有沈三白的〈中山記歷〉，反而在該書弁言的末了附言中，找到了《足本浮生六記》第五記〈中山記歷〉——剿襲的源頭，茲將其附言抄錄後：

「末了、尚附一言：另有嘉慶中沈復（三白）《浮生六記》足本所見〈中山記歷〉一篇，疑係後人剿襲附會之作，並無參考價值。沈文云以趙文楷（字介山）從客身分，記隨使琉見聞；而按其語句，幾均出自《李錄》（李鼎元撰《使琉球記》之簡稱），其中斷章裁句，前後不相時應，所在多有；此處限於篇幅，不擬歷數。

茲僅舉證一事：封舟回國，於嘉慶五年十月二十九日在溫州南、北杞山洋面遇賊船襲擊後，「北風大至、浪飛過船」（引原文）；「李錄」續記云：「余倦極思臥」，……遂解衣熟睡，付之不見不聞。次日，李錄云：「夢中聞舟人譁曰：到官塘矣！驚起。介山、從客皆一夜不眠，語余曰：險至此，服汝能睡；設葬魚腹，亦爲糊塗鬼矣！余曰險奈何？」介山曰「……每側，則篷皆臥水。一浪蓋船，則船身入水，惟聞瀑布聲垂流不息，其不覆者，幸矣！余曰：脫覆，君能免之乎？余樂拾得一覺，又忘其險，余幸矣！介山乃大笑。而《沈文》於浪飛過船下接云：夢中聞舟人譁曰：到官塘矣！驚起。從客（此已非沈氏口氣）皆一夜不眠，語余曰：險至此，汝尚能睡耶？余問其狀；曰：每側則篷皆臥水。一浪蓋船，則船身入水，惟聞瀑布聲垂流不息。其不覆者，幸耶！余笑應之曰：設覆，君等能免乎？余入黑甜鄉，未曾目擊其險，豈非幸乎！彼此所記，除沈文避開介山以外，如出一轍。試想：凡屬記述身歷其境之動態文字，能有如此之巧合嗎？《沈文》顯爲剿襲之作。但沈擅於文，決不爲此。考〈中山記歷〉與同書〈養生記道〉篇同爲《六記》原缺，而據稱係屬後來發現之文，自爲後人附會之作。而況近人已有指出《養生記道》篇與曾國藩文雷同，亦疑後人僞作，見民國五十九年（一九七〇年）十二月十一、十二兩日《中央日報副刊》，江文進撰《浮生六記一些問題》；以彼例此，亦足爲一證」。

此一發現，加強了筆者之推論。於是將《足本六記》中之〈中山記歷〉與《李錄》加以核對，一窺究竟：

李錄（嘉慶四年己未年）八月十九日，奉旨遣趙文楷爲正使，李鼎元爲副使起，至庚申年十一月初三日返抵福建省止，全文長達十萬餘字，即從庚申年五月初四於福建省會起椗，至同年十一月初三日返抵福州止亦有八萬餘字；而〈中山記歷〉共約二萬餘字，幾乎百分之九十五以上均出自《李錄》。

《李錄》爲日記體，《沈文》（以下稱僞作）則部分爲日記體，大部分爲記事體，且把《李錄》前後倒置，並予刪減，許多地方因之無法連貫，而多矛盾之處，文中雜以芸娘、高堂，使人信以爲眞，尤其容易令人困惑者，如：「趙介山先生名文楷，太湖人……介山馳書約余偕行」。大家都知道，沈三白是蘇州人，蘇州在太湖邊上，所以蘇州人有時也可稱爲太湖人；趙介山是太湖人，趙約沈同行，是順理成章的事，其實趙介山是安徽安慶府的太湖人，爲嘉慶元年狀元，此太湖非彼太湖也。再舉數例，以證僞作抄襲之處！

僞作「從客凡五人：王君文誥，秦君元鈞，繆君頌，楊君華才，其一即余也」。《李錄》「庚申年二月二十九日陰、大風。介山從客三人，王君文誥，秦君元鈞，繆君頌，余從客一人，楊君華才；俱於昨夜至，早起同行……」。並無三白其人。

茲再舉一例，說明僞作，顛三倒四，抄襲《李錄》，誤導讀者，又不能自圓其說之能事。

《李錄》：

「五月十二日（癸巳），晴。辰刻過馬齒山。……午夜登岸。傾國人士聚觀於路，世孫率百官迎詔如儀。啓門後各官以次進謁：法司、王舅、紫巾官、紫巾大夫爲一班，皆紫帽，立而揖答之；耳目官、正議大夫、中議大夫、謁闥理官爲一班，皆黃綾帽，立而拱手答之；那霸官、那通事、長史爲一班，皆黃紬帽，坐而抗手答之。少頃世孫來，年十七，厚重簡默，儀態雍容，白皙而豐頤，有福相，寒溫抑於通事，茶罷辭去。天使館西向，仿中華廨署；……桌椅床帳，悉仿中國式，飲食日用之物，無不畢備，樓前後有窗，海風徐來，頗無暑氣，賓至如歸焉。」

僞作：

「十二日，辰刻，過馬齒山。……午刻，登岸，傾國人士，聚觀於路。世孫率百官，迎詔如儀，世孫年十七，白晳而豐頤，儀態雍容；善書，頗得松雪筆意。按《中山世鑑》，隨使羽騎尉朱寬至國，於萬濤間，見地形如虬龍浮水，始曰流虬，而《隋書》又作流求，《新唐書》作流鬼，《元史》又作瑠求，明復作琉球。《世鑑》又載，元延祐元年，國分爲三大里，凡十八國，或稱山南王，或稱山北王；余於中山、南山，遊歷幾遍，大村不及二里，而即謂之國，得勿誇大乎？琉人每言大風，必曰颱颸。按韓昌黎詩，「雷霆逼颸颱」，是與颸同稱爲颱；《玉篇》，「颱，大風也於筆切」。《唐書百官志》，有颱海道，或係球人誤書。《隋書》稱：「琉球有虎、狼、熊、羆」，今實無之；又云：「無牛驢馬」，驢誠無，而六畜無不備，乃知書不可盡信也。天使官西向，仿中華廨署……桌椅床帳，悉仿中國式。寄塵得詩四首，有句云：相看樓閣雲中出，即是蓬萊島上居。又有句云：一舟剪徑憑風信，五日飛帆駐月槎。皆眞境也」。

從這兩段文字來看，僞作從「辰刻過齒山……午刻登岸，傾國人士聚觀於路，世孫率百官，迎詔如儀。」可以說百分之百抄自《李錄》，下則缺「啓門後各官以次進謁……坐而拱手答之；少頃世孫來訪。」而直接接以「世孫年十七，白皙豐頤，儀態雍容，善書頗得松雪筆意。」與《李錄》描述亦有出入。其中略去「厚重簡默，有福相，寒溫仰於通事，茶罷歸去。」等句。「善書頗得松雪筆意。」係李錄十月十一日所記。照《李錄》接下去，爲敘述天使館之方向，建築形式、格局與設備等。而僞作卻插入：「《按中山世鑑》……余於中山、南山，遊歷八遍，大村不及二里，而即謂之國，得勿誇大乎？」及「琉人每言大風，必曰颱颶。……或係球人誤書。」以及「《隋書》稱琉球有虎狼……六畜無不備，及知書不可盡信也。」此三節，前一節抄自李錄九月十六日日記，後兩節爲五月二十七日及十月初四日所記。試想，第一天登岸，已中山、南山遊歷幾遍的道理，又如何能想到颱、颶、虎、狼、牛、羊等有關氣象、產物之考證，眞可謂，風馬牛不相及也。然後才將《李錄》「天使館西向……桌椅床帳，悉仿中國式。」抄上，但略去「飲食日用之物，無不畢備，……賓至如歸焉」等句。再接上「寄塵得詩四首，有句云：相看樓閣雲中出……皆眞情眞景也。」係李錄五月十九日日記。

偽作全文，類似之處，在在均是，實不勝枚舉。

至於五十九年（一九六〇年）十二月十一、十二兩日中央日報副刊，江文進先生之《浮生六記的一些問題》一文中指出：

《浮生六記》足本中第六記〈養生記逍〉內有數段文字與曾國藩日記中八則日記大同小異。如：

曾文：精神委頓之至，年未五十而早衰如此，蓋以稟賦不厚，而又百憂摧撼，歷年鬱抑，不無悶損，此後每日須靜坐一次。

沈文：余年纔四十，漸呈衰象，蓋以百憂摧撼，歷年鬱抑、不無悶損。淡安勸余每日靜坐數息。

這兩則文字，雖略有不同，意旨卻相差無幾。現在再看下面三則：

「曾文：閱范文正集尺牘年譜中有云：「千古聖賢，不能免生死，不能管後事……更憂身後，乃在大怖中，飲食安可得下，請寬心將息。」云云乃勸其中舍三哥

之書。余近日多憂多慮，正宜讀此一段。（庚午二月）

曾文：放翁胸次廣大，蓋與陶淵明、白樂天、邵堯夫、蘇子瞻等，同其曠逸，其於滅虜之意，養生之道，千言萬話，造次不離，可謂有道之士。惜余備員兵間，不獲於閒靜中探討道義。夜睡頗難成寐，當思玩索陸詩，少得裨補乎（辛酉正月）

曾文：夜洗澡，近製一木盆，盛水極多，洗澡後至爲暢適，東坡詩所謂「淤槽漆斛江河傾，無垢洗更輕。」（己未四月）」

「沈文將此三則日記刪除部分文字，前後相連，毫無中斷」（更妙的以汈浴（蘇州俚語）代替洗澡，使人信爲三白所作）。江文進復指出「曾氏三則日記，寫成年月均不相同，相差一、二年不等，到底誰是文抄公，頗耐人尋味，沈抄曾，當然不可能，因沈在曾前，曾抄沈，亦不可能，因曾爲一代大儒，中興名臣，絕不可能抄錄他人文章，即有引用，亦必注明出處，且曾氏八則日記，另四則從略，都是在不同年月裡寫成，如果說是抄自《六記》，那麼這本書，他至少看過八次以上，一本能吸引他看過八次以上的書，一定會在日記中，有所評述，絕不會祇抄〈養生記逍〉裡面數段文字而忽略了前面五記，由此可以確定，僞造者抄自曾文。因爲《六記》後兩記發現在民國二十四年（一九三五年）以後，距曾氏逝世時間至少有六十年之久，這期間，曾氏的文集，早就刊印流傳全國了，所以僞造者抄自曾文的可能最大，又〈養生記道〉一文，有如把幾十條有關養生之道的札記，拉拉雜雜，不規則的串成一篇文章，不太像三白筆法。」

至此，《足本浮生六記》五、六兩記係好事者附會之作，已極明顯。筆者才疏學淺，不敢舞文弄墨輕言考證，本文無非將手邊資料串聯成篇，但所舉事例，都是有憑有據，也可說是筆者的一點貢獻罷！

四、失落的園林

我國園林，大別可分爲：附屬於宮廷的皇家園林，及建造於個人宅第的私家園林，尚有寺觀園林三大類，一般而言：皇家園林，占地廣袤，氣勢磅礴，富麗堂皇，像一幅工筆畫；私家園林，占地狹小，淡雅樸實，富有情調，像一幅水墨畫；至於寺觀園林，則介乎二者之間。

皇家園林，早在紀元前春秋時代，已有營建，如吳王夫差的館娃宮，可以說是我國最古老的園林，以後各代，在帝都附近，均有興建，如秦始皇的長池、漢武帝的上林苑、漢明帝的華林園等都很著名，可惜，由於中國歷史上的改朝換代，都要經過一次燒殺的浩劫，重要建築與文物，均遭毀滅，空留後人憑弔，現在倖存者，均爲元、明、清三代所興建或重修者，如故宮之御花園、頤和園、避暑山莊等。

至於私人園林，大都集中於江南地區，尤其以太湖四週爲著，因爲太湖石盛產於太湖而得名，而太湖石爲園林建造之基本石材有莫大關係：其次江南爲我國魚米之鄉，且氣候宜人，富商巨賈、退休官僚，均選擇在江南定居，亦是原因之一；另一重要原因，是因爲中國文人，仰慕古代隱士，而又留連城市生活，因此把山野風光有山、有水搬入了園林，在城市中過著隱居的生活，且不樂乎！

江南園林，分佈最廣者爲：江蘇之蘇州，浙江之杭州，尤以蘇州爲我國最大的園林寶庫，據蘇州府誌之記載：明朝有二百七十一處，清朝有一百三十處，時至今日，已有多數園林喪失了，即使加上今後預定要修復之園林，恐怕也不會超過四十個。現在蘇州園林，可供觀光者，有：留園、拙政園、環秀山莊、網師園、藝圃、怡園、擁翠山莊、滄浪亭、獅子林、耦園、鶴園、聽楓園、西園、高義園等地；杭州則有：汪莊、蔣莊、劉莊、郭莊、三潭印月、黃龍洞、煙霞洞、聚景園、西冷印社、文瀾閣等地；此外揚州之何園、个園、西園、瘦西湖；無錫之蠡園、寄暢園、吳江之退思園、常熟之燕園、常州之近園、上海之豫園、嘉定之秋霞圃、古漪園，以及紹興之沈園與蘭亭等，都値得駐足觀賞。

蘇州園林與杭州園林，有顯著的不同，首先在稱呼上，蘇州園林以園爲名者多，杭州則以莊稱爲主；在景觀方面，蘇州爲一廣大平原，缺少自然之美，卻要將綺麗的景觀展開於狹小的土地上，確非易舉，因此頗有逼促之感，而杭州園林，均旁西湖而築，故有調和人工與自然之美，視界亦較爲廣闊。

江南園林之美，像一幅立體的國畫，是攝影的好題材，尤其是空窗的設計，有類似畫框的效果，從空窗向外望去，即是一幅一幅完美的畫圖。一座園林的基本架構，通常是由假山、疊石、石筍（是一種石材，與鐘乳石不一樣，產於雲南及浙西等地）、迴廊、漏窗、空窗、花窗、洞門、鋪地、苑池、小橋、水榭、亭子、廳舍、樓閣等，經巧妙的安排而組成，當然也有花樹點綴其間；因爲每一座園林規模不同，所以並不一定必須具備上面的建築物，但是起碼要有苑池、太湖石、假山、鋪地、亭子、廳舍等。我國園林，很少有大片草地，這也是與西方公園之最大不同處；園中凡是空地，均用鋪石填補，鋪石是用鵝卵石併成各種圖案，用現代的話來說，也就是馬賽克的一種，或用青石板鋪成平整的地坪。

蘇州園林，從二百七十一座，到現在不足四十座，失落之多，令人嘆息；追究其原因，不外子孫敗落、或人爲災害所造成，現在已納入地方園林局來管理，這不到四十座的園林，應該可以永久保留下來。

在這衆多失落的園林中，有一座是我家的五柳園，它是建於乾嘉年間，毀於太平軍之亂，雖然五柳園已不復存在，而記述五柳園的文章猶存，從文字的記述中，依稀可以看到，當年的規模，以及在五柳園中吟詩飲酒的盛況。

我家原住蘇州飲馬橋，相傳明太祖破張士誠時，兵從盤門進入，明太祖遷怒蘇州人幫張士誠久守，欲屠殺蘇州人，以息其恨，一路殺來，及至飲馬橋，見關聖現像迺止，蘇人爲感謝關聖生全之德，於是立廟橋旁以祀之。這是有關飲馬橋的一段小掌故，順便一提。後來我家遷住廟堂巷，在琢堂公（是筆者的高高祖）的父親時代，始遷居金獅巷（琢堂公嘗稱爲經史巷、或經史里）也是琢堂公的出生地，西鄰爲何翰林焯之故宅，何家有花園，與我家老屋僅一牆之隔，後來何家敗落，子孫不能守，乃將花園割讓給我家，於是我家始有山池竹林之勝。

乾隆庚戌，琢堂公考中狀元後，在翰林院任職，將眷屬接至京師同住，需要一筆費用，不得已將老屋典於黃姓表親，前後達十六年之久。嘉慶乙丑年，琢堂公自重慶到京師去覲見，順道回蘇州掃墓，表弟黃紹武，乃將老屋歸還，而琢堂公未能還清所欠，直到丁卯年，琢堂公再入翰林院，馬上又稱病辭歸，老屋已破舊不堪居住，此時筆者的伯高祖同福公，出任杭州仁和縣令，因而攜眷到杭州，卜居於紫陽山麓。在杭州這段時間內，慢慢還清了黃家的欠債，同時把老房子也整修一下，這樣過了五年，才遷回蘇州老屋。

老屋之南，有一水池，池上有柳樹五棵，池北有柳四棵，南方有一棵，皆合抱參天，綠陰如幄，覆蓋池上，池水常綠，五柳園之名，因此而來。琢堂公平素心儀五柳先生，不知是否是巧合或故作安排，我認爲巧合的成分居多，因爲二十幾年無人居住，柳樹皆合抱參天，不是一朝一夕可以植成的。有人送了琢堂公一塊刻有「滁山潭」三個篆字的大石頭，就把水池命名爲滁山潭，柳蔭下，築屋三間，面對水池，名曰花間草堂，爲琢堂公的居處，草堂之西，原爲何家之賫硯齋，因得皇帝賜硯而得名，對我家而言，則名不副實，改名爲花韻庵，在其東南，有屋三間，皆臨水，名曰微波榭，榭之西，有屋如船，環植梅樹，命名爲舊時月色，船屋後面有一小閣像柁樓，閣外有棵玉蘭樹，高與閣齊，花開時有如白雪積簷端，閣因而得名爲瑤華閣，在船屋的北面，疊石爲洞門，曰歸雲洞，洞外石中有泉，名爲在山泉，洞內構屋三間，曰臥雲精舍，由此繞出花韻庵的左邊，在其東北有一間小房子，名曰夢蝶齋；在園的東面，原爲何家的話古藔舊基，改建爲樓房五間，因落成於菊花盛開之季，因此命名爲晚香樓，樓北有屋曰鶴壽山堂，爲原來老家之雲留書屋，琢堂公因早年得一焦山瘞鶴銘古本，取其銘首二字爲堂的名字，也是我家「鶴壽堂」堂名的由來，堂之北爲獨學廬，爲琢堂公最早藏書之處，其北曰舒詠齋，爲童子讀書處，再其北爲微麟堂，係老家之舊廳。後來又在花間草堂之西與花韻庵之間，築小樓三間，藏書四萬卷，取名凌波閣，小樓坐東朝西，早晚都有太陽照射，可免朽蠹之患，在沒有空調時代，不失爲一妙法。依古禮，凡進士及第，位列大夫者，始有資格建家廟，以祀其祖先。琢堂公雖然於乾隆庚戌就中了進士並位列大夫，但未馬上興建，一直到道光五年在五柳園中花間草堂之西造了一間小廟，分爲三室，以存大夫有三廟之制名曰石氏家祠，而不以廟名。

以上是五柳園的概略，雖然規模不大，有苑池、水榭、假山、洞門、舫、閣等建築，已具備園林之要件。五柳園是琢堂公晚年怡養之所，是與詩友聚會之處，也是他壽終正寢之處。他希望：「我子孫若能世世守此，饘於斯、粥於斯、歌哭於斯，富貴也無有加，貧賤也無有損，是則余之深願也。」

清咸豐戊午年，樸學大師俞曲園（越），自河南罷官後，曾在蘇州主講於紫陽書院，他在蘇州，就住在我家老屋，可見此時，琢堂公的子孫，均在外地工作，已不能「饘於斯、粥於斯、歌哭於斯矣！」俞曲園爲道光庚戌進士，比琢堂公晚六十年，而無錫嵇文恭公則爲雍正庚戌進士又比琢堂公早六十年，所以當時俞曲園想把「獨學廬」改名爲「三庚戌堂」，又想把花韻庵，回復原來何氏舊名，仍爲賓硯齋，他在琢堂公的遺澤手卷跋文中，曾有此打算，大概後來也沒有改，五柳園毀於洪楊之役，也是從他的跋文中，得到證實。琢堂公祇想到「貧賤也無有損」，沒有想到，兵燹會有損的劫難。

五《獨學廬詩文稿》簡介

㈠前言

《獨學廬詩文稿》是一部包含詩、詞、歌、賦、文章、公牘等的詩文集，以詩爲主，全集共有古今體詩二千二百二十九首，詩聖杜甫，一生共作詩三千餘首，現存的祇有一千四百多首，兩相比較，也可以算是一位多產作家。

《獨學廬詩文稿》共分五稿，以刻印先後而區分；初稿於乾隆六十年（乙卯）刊印於長沙，二稿於嘉慶十年（乙丑）在重慶刊印，三稿於嘉慶二十二年（丁丑）在蘇州刊印，四稿、五稿雖未明刊印年份及地點，但以詩稿之順序推算，則分別約在道光五年（乙酉）與道光十一年（辛卯）於蘇州刊印；此五稿均爲琢堂公自行先後付梓，因未經刪定，故以稿名之，五稿之後當然還有續稿，可能因老屋遭太平軍之亂，蕩爲邱虛，文稿亦一併付諸浩劫。

獨學廬這三個字，最早出現在北京任職翰林院時期，爲他在宣武門東所租的房子取的名字，後來即爲他出版的詩文集的書名，歸隱後蘇州老宅，五柳園內有一幢單獨的建築，亦取名爲獨學廬，是琢堂公最早藏書之處。

獨學兩字的意義，據琢堂公在獨學廬銘的序文內是這樣說的：

有人問琢堂公說：左傳上有一句「獨學而無友，則孤陋而寡聞」，你的獨學廬，是不是就是取的這個意思，琢堂公說，京師是人文薈萃之處，怎麼會沒有朋友呢，我是因爲看到天下有些事，往往因人多而礙事，而常因個人的努力而成功，譬如技藝方面，成功的都是個人，技藝是靠個人的心領神會，獨自的修養，不是旁人可以插手的；學問之道亦是一樣的，「故心有所獨注，意有所獨得，業有所獨精，騖於外者，紛而無所歸，守於內者，耑而無所歧，彼立一說焉，此立一說焉，茫無不知據矣，一毀焉，一譽焉，則心動矣；聖人演易於大過之象，著其義曰，君子獨立不懼，遯世無悶，而即繼之以習坎之卦象曰，常德行習教事，明乎學問之道，當有所獨立，而不可有人之見者存也，獨者，人所不知而已獨知之地也，惟已有獨知，故人雖不知而不懼，遯世而無悶也，此德行之事，而教之所由習者也。」

㈡初稿內容

初稿分詩稿及文章兩大部份：

詩稿部份，計八卷，均爲古今體詩共六百六十三首

卷一〈雲留舊草〉，係中舉（二十四歲）以前的作品，共有古今體詩一百零三首。

卷二、卷三、卷四爲〈江湖集〉分上、中、下三集，係中舉後，六次赴京參加會試及在和州、徐州等地遊幕，奔走於燕、趙、齊、魯之間，前後十年之內之作品，共有古今體詩二百零七首。

卷五〈玉堂集〉，係考中狀元後，在翰林院任職修撰時期之作品，共有古今體詩六十六首。

卷六〈劍浦歸槎錄〉，係奉命典試閩省至提學湖南間之作品，共有古今體詩一百十四首。

卷七、卷八〈湘中吟〉，分上、下兩集，係提學湖南期間之作品，共有古今體詩一百六十三首。

文章部份，分三卷，另附〈讀左卮言〉與〈漢書刊誤〉二卷

卷一　賦四，頌三，論辨七，共十四篇。

卷二　解一、釋一、說四、記八、序十四，共二十八篇。

卷三　跋五、書五、雜著十、哀詞一、祭文二，共二十四篇。

〈讀左卮言〉共一百二十七則。

〈漢書刊誤〉共六十二則。

㈢二稿內容

二稿分詩詞及文章兩大部份：

詩詞部份共五卷，其中詩三卷，計古今體詩三百三十九首，詞二卷，共一百二十七首。

卷一　〈玉堂後集〉，係自湖南返京回任翰林院原職，至將出任重慶知府期間

所作，共有古今體詩一百一十一首。

卷二〈鵑聲集〉，係離京赴重慶任所，與留蜀期間所作，共有古今體詩一百三十二首。

卷三〈學易齋吟草〉，約自守渝後期，至奉旨入覲，告假返鄉掃墓後，再度赴渝期間所作，共有古今體詩九十八首。

卷四〈花韻菴詩餘〉，係歷年作品，共七十六首。

卷五〈微波詞〉，亦係歷年所作，共五十一首。〈微波詞〉共分四卷，卷一刊於二稿，計五十一首，卷二、卷三、卷四則刊於三稿，共九十九首，總計一百五十首。

文章部份，分上、中、下三卷，及《獨學廬外集》。

卷上　四六文共十七篇，暮春修禊序即在其中。

卷中　疏、書五、記四、序十、傳一、祭文二共十八篇。

卷下　跋六十五篇，除九篇爲詩畫卷跋外，餘均爲碑帖跋文，在跋唐雲麾將軍李思訓碑文中說：「余生平無所嗜好，惟喜蓄古人金石文，貪多務得，饕餮無厭。」其對碑帖有深刻的研究，可以想見，可供同好者之參考。

《獨學廬外集》，為守渝公牘，共五十二篇，可以看到當時與白蓮教作戰的情形，及其治理地方之理念與作為。

㈣三稿內容

三稿分文章及詩詞兩大部份：

文章部份，分五卷，共八十三篇，自嘉慶十二年（丁卯）歸隱至嘉慶二十二年（丁丑）十一年間所作。

卷一　論二、解一，記九、銘一、說一共十四篇。

卷二　序十八篇。

卷三　讚七、書事二、疏一、箚子二共十二篇。

卷四　跋二十七篇。

卷五　傳五、碑一、表一、墓志銘五共十二篇。

詩詞部份，詩分六卷，集名〈晚香樓集〉，共有古今體詩五百六十三首，係自嘉慶十一年（丙寅）任潼關商道，調山東按察使、及嘉慶十二年（丁卯）歸隱至嘉慶二十年（乙亥）十二年間之作品。詞分三卷，係續二稿之〈微波詞〉，自卷二起至卷四共九十九首。

卷一〈晚香樓集一〉自嘉慶十一年（丙寅）至嘉慶十二年（丁卯）歸隱杭州紫陽山麓及嘉慶十三年（戊辰）年所作，共有古今體詩一〇三首。

卷二〈晚香樓集二〉爲嘉慶十四年（己巳）年一年內之作品，共有古今體詩九十七首。

卷三〈晚香樓集三〉自嘉慶十五年（庚午）元旦至嘉慶十七年（壬申）除夕，三年內之作品，共有古今體詩八十七首。

卷四〈晚香樓集四〉嘉慶十八年爲（癸酉）一年內之作品，共有古今體詩七十二首。

卷五〈晚香樓集五〉爲嘉慶十九年爲（甲戌）一年內之作品，共有古今體詩一百十二首。

卷六〈晚香樓集六〉爲嘉慶二十年（乙亥）一年內之作品，共有古今體詩九十二首。

〈微波詞〉

卷二　共三十一首。

卷三　共三十四首。

卷四　共三十四首。

㈤四稿內容

四稿分文章及詩稿兩大部份。

文章部份，分五卷，共一百二十三篇。

卷一　論二、記二十。

卷二　序十八。

卷三　序二十。

卷四　書一、頌一、讚十一、銘二十一（大都爲硯銘，其中有康郎木筆簡銘，據說係台灣高山產品、輪囷媥爛，自然中空，非竹非木，一節値三、五十錢。

現在台灣特產品商店，猶可購到康郎木製品，但已不多見。

卷五　傳三、碑一、墓志銘十、祭文一。

詩稿部份，分四卷，集名〈池上〉，共有古今體詩三百九十九首，約自嘉慶二十一年丙子年至道光五年（乙酉）春，十年內之作品。

卷一　〈池上集一〉，自嘉慶二十一年（丙子）春至嘉慶二十三年（戊寅）年春，二年內所作，共有古今體詩八十九首。

卷二　〈池上集二〉，自嘉慶二十三年（戊寅）秋至嘉慶二十五年（庚辰）夏，二年內所作，共有古今體詩一百零一首。

卷三　〈池上集三〉，自嘉慶二十五年（庚辰）秋至道光三年（癸未）秋，三年內所作，共有古今體詩一百一十三首。集中詠晚香玉一詩，說明此花出自西洋，名士謐嬴斯，最初移植大內，康熙皇帝賜名晚香玉，筆者曾請教園藝專家，晚香玉之學名爲Tuberosa，原產地爲墨西哥，士謐嬴斯爲Tuberosa最早之譯名。

卷四　〈池上集四〉，自道光三年（癸未）秋至道光五年（乙酉）冬，二年半內所作，共九十六首，遊蘭亭一詩，作於道光四年（甲申），並將暮春修禊序一文，鐫石嵌於蘭亭壁間。

㈥五稿內容

五稿分文章及詩稿兩大部份，另附〈讀論質疑〉與〈花間樂府〉。

文章部份，分三卷。

卷一　記十七（各地縣學記、祠堂記、寺廟記等，最後一篇守渝記，記當時據守重慶，支援過境大軍，及自嘉慶五年（庚申年）正月至五月擊退來犯之敵，因守城有功，加封道銜。

卷二　序十四（大部份爲詩集序）、跋九。

卷三　疏一、傳四，頌一，讚六、銘二，誄一，墓誌銘二、墓表二、事略一，事狀一。補遺傳一、序一。

詩稿部份，分四卷，集名〈燕居〉，自道光六年（丙戌）至道光十年（庚寅）五年內之作品，共有古今體詩二百八十一首。

卷一〈燕居集一〉，自道光六年（丙戌）春至道光七年（丁亥）春，一年內之作品，有古今體詩八十二首。

卷二〈燕居集二〉，自道光七年（丁亥）初夏至道光八年（戊子）冬，一年半內之作品，有古今體詩七十五首。

卷三〈燕居集三〉，自道光九年（己丑）春至道光十年（庚寅）春，一年內之作品，有古今體詩七十五首。己丑年秋，在杭州過七十四歲生日，作秋九月至錢塘子舍爲題詩一首，在杭州之子女均有呈本相和，至今手澤猶存，並表成長卷，並附有俞曲園等人題跋。

卷四〈燕居集四〉，自道光十年（庚寅）春至同年冬，一年內之作品，有古今體詩四十九首。亦爲詩集之最後一集。

〈讀論質疑〉七十五則。

〈花間樂府〉十一齣。

附註：初稿之《讀左卮言》、《漢書刊誤》與五稿之《讀論質疑》爲琢堂公之讀書心得，可供研究古籍者之參考。

六、石公諱韞玉傳

㈠家世

我家世居江蘇丹陽，爲北宋學士石曼卿先生（西元九九四～一〇四一年）之後，曼卿先生原籍河南宋城（今商丘縣見南宋史〈文苑傳〉）葬於河南上清（見歐陽修《祭石曼卿文》），兩地均非丹陽，但丹陽石氏族譜，記載確實，當不致有誤，復在《獨學廬詩文稿》三稿中有一篇〈丹陽麥舟橋記〉，可以說明曼卿先生確在丹陽住過；麥舟橋的由來是這樣的：宋時曼卿先生因三喪沒有錢安葬，流滯在丹陽，范仲淹之子范堯夫（忠宣公）先生，於是送了他幾船麥子，後來曼卿先生要歸還這筆錢，而堯夫先生又不肯接受，曼卿先生就用這筆錢，在丹陽河上造了一座橋，命名爲麥舟橋，以紀念堯夫先生之盛德高義，至於曼卿先生的墳墓不在丹陽而在上清，可能是因爲宋朝有個規定，凡是在朝中做過官的大臣，死後一定要葬在京畿附近的緣故。自北宋至清初，相距七百餘年，丹陽石氏已在當地成爲一大族矣！

清順治二年（西元一六四五年），清兵大舉南下，江南百姓盲目流轉，遷蘇始祖君甫公年僅十三歲，與家人隨衆奔走，後來與家人走散了，路上又遇到潰散的兵卒，兩次被箭射，都沒有射中，乃躲入河中，泅水逃過一劫，一路逃到蘇州，住在城南吳姓家中，吳家又把女兒許配給他，於是乃在蘇州落籍，成爲遷蘇之始祖。

君甫公之父，爲明末遺民，出家爲僧，法名智遠，初名則不傳。君甫公生二子，長荆玉公，次寧舟公，荆玉公再傳無後，寧舟公生惠疇公，惠疇公生四男，其中三位，皆早殤，最後生琢堂公，爲遷蘇之第四代。

石公諱韞玉，字執如，號琢堂，又號竹堂，別號西磧山人，綠陰詞客，獨學老人，花韻庵主人、歸眞子等，清乾隆二十一年（西元一七五六年），出生於蘇州金獅巷老宅，當時我家既非蘇州望族，以前三代，都沒有考取過功名，亦稱不上書香門第，祗是一個普通知書達禮的小康之家；琢堂公祖父寧舟公，通長桑之術，是一位儒醫，據說與當時蘇州名醫葉天士齊名。父親惠疇公是一位幕友（亦即所謂師爺，師爺分文案，錢穀，刑名等），經常遊幕在外地。

㈡三十五歲以前——讀書遊幕、趕考

琢堂公五歲時，在父親的教導下啓蒙，六歲時在住家附近的私塾就讀，他的父親因爲經常遊幕在外，所以課讀的責任就落在母親身上，常在燈下，一面督飭兒子讀書，一面自己作女紅，兒子書沒有背熟，她也不睡；在《獨學廬詩文稿》，自題〈十眞〉中，有以下的詩句：

熒熒一燈明白屋，慈母燈前教兒讀，兒書不熟母不眠，書聲刀尺聲相聯；

雪花如掌窗前舞，爲兒作襦兼作袴，一十九年母棄兒，兒大受祿母不知。

直到十四歲，轉到表親黃氏的家塾住讀，有的書上說，他住在唯亭鎭上顧鳳梧的親戚家中，在鎭上延福寺中讀書，但在《獨學廬詩文稿》中，看不出一點蛛絲馬跡；他在黃家一共住了四年，黃家有兩個書櫃的雜書，與老師教的科舉之學的書不同，而且是禁止閱讀的，但他卻在四年之中，偷偷的把兩櫃之雜書看完。

十五歲那一年應考童子科，十八歲入學爲學官子弟（秀才），於是進入紫陽書院就讀，受業於彭芝庭先生之門下，次年（甲午年）赴金陵（當時江蘇省會即現在南京）參加省試（也就是鄉試），沒有考取，但於市中購得《史記》一部，歸而讀之大喜，花了十個晚上才讀完，這部《史記》是他購書藏書的開始，及至進士及第，已讀書七千卷，可惜後來他到重慶上任去後，家中男僕把書偷賣給琉璃廠的書店，書商因知係琢堂公點勘過的，所以出價亦高，幾乎把七千卷書都賣光，這是他最感歎息痛恨的，其後二十年又陸續購置，至老宅淩波閣落成時，藏書達四萬餘卷，都是節食縮衣而來的，這些書大都經過他點勘，後來老了，每得一書，亦要觀其大略，所以四萬卷的藏書，他都讀過看過。

二十一歲時，受業於郟絅菴先生之門，教他作文之法爲：「一要切題，一要自立境界，切題則無泛駕之語，自立境界則脫穎於眾人之中」。二十三歲時，學使劉文清傳他到江陰使院，考他的詩古文辭，極爲滿意，次年（二十四歲己亥年）即考取第十三名的舉人，這一年他已在江陰縣府做事，以上是他求學時期概略的經過。

琢堂公的考運並不佳，十八歲考中秀才，二十四歲考中舉人，當中經過二個考期（即甲午、丁酉），一共考了三次，在第三次（己亥）才考中，有的書上說他「七應鄉試不售」，這不是事實，由舉人到貢士、到狀元確是非常艱辛，一共花了十年的時間，嚐過五次名落孫山的滋味，不是他鍥而不捨，一般人恐怕早就放棄了。七應鄉試不售，可能是二次鄉試，加五次會試失敗，一共七次之誤。

琢堂公於考取舉人後，馬上趕赴京師，參加第二年（庚子年）的會試，在北京滯留了兩年，考了兩次貢士，都不第而歸，在二十六歲那年（辛丑年）回到蘇州，結合友好，於碧桃書塾成立雪鴻詩社，每月一會，參加者有：張清臣、王念豐、張景謀、沈桐威、沈芷生、周開仲及琢堂公本人共七人，王念豐、張景謀爲蘇州人、張清臣爲崇明人、周開仲爲吳江人，二沈是兄弟爲吳興（浙江湖州）人，其中周開仲年紀最大，後來與琢堂公結成兒女親家，王念豐爲重次千字文的作者，沈芷生天分最高，可惜死得也最早，張景謀死後留下一個女兒，琢堂公收爲義女，後來由周開仲把她許配到太倉錢氏。

琢堂公在蘇州老家住了一段時間，爲了生活，又出門去遊幕，二十八歲在玉峰縣，二十九歲（甲辰年）又上京去考了一次沒有考取，回來就在安徽和州做事，於丁未年孟春自和州赴京會試，又被詘，這是他第四次的失敗，有三首詩，可以說明他當時的心情：

1.〈**下第有感**〉

偃蹇眞如上竹魚，槖駝腫背話非虛；少年悔讀長沙傳，豈獨南華是僻書。

因爲文章中用賈誼「遙曾擊而去」之語，同考官因不知其出處，遂爲所斥。

2.〈**出都**〉

既雨山容潤，將歸客病蘇，有懷惜往日，無淚哭窮途；感舊兼存歿，居安聽菀枯，先人敝廬在，松菊忍荒蕪。

失敗的刺激，大有歸去來兮之意。

3.〈**喜達里門**〉

他鄉雖好不如歸，喜趁晨光叩故扉，萬卷藏書成敝帚，十年應舉尚初衣；

自憐道路風塵老，漸覺親朋慰藉稀，差勝洛陽蘇季子，閨中猶有婦停機。

蘇季子即蘇秦，最初蘇秦遊說秦王，一共上了十次奏章，秦王都沒有採納，衣服也都破舊了，百兩黃金也用盡了，祇好離開秦國回家，腿上綁著綁腿，腳上穿著草鞋，背著書包，挑著行李，身體乾瘦，面目黃黑，帶著慚愧的臉色，回到家中，妻子沒有離開織布機來迎接，嫂子不燒飯給他吃，父母也不跟他說一句話……。

琢堂公當時的處境，儘管親友對他較爲冷淡，而他的妻子還是對他很尊敬，所以他覺得，雖然都是失敗者，相形之下，要比蘇秦略勝一籌。

從上面三首詩看來，可見他在經過四次失敗後，心中的不平與無奈，頗有心灰意懶之感，隔了一年，在蔣氏夫人的鼓勵下，於三十四歲時（己酉年）又到北京參加禮部會試，結果又沒有考取，因爲第二年是庚戌年、是正科考試，所以留在京師等候明年的會試，有些人把這一年當作恩科，因爲這年是乾隆皇帝八十歲的生日，其實不然，凡是逢丑、辰、未、戌年都是正科，而己酉年才是恩科。

俗話說得好，瓦片也有翻身日，皇天不負苦心人，他終於金榜題名，獨佔鰲頭，平步青雲，說來也是有點運氣，也有人說他，平時常將淫詞小說，從市上蒐購回來，全部燒毀，積下來的功德所致，原來會試的名次是第十四，殿試閱卷大臣初擬第四，經乾隆皇帝欽點，特擢爲第一（狀元），授翰林院修撰，眞可謂，時來運轉，城牆也擋不住，實乃異數也。

琢堂公自己亥年中舉，至庚戌年（一七九〇）欽定爲第一，中間十個年頭，經常往來於長江南北，燕、趙、齊、魯之間，所以他把這個時期所寫的詩，定名爲《江湖集》，從《江湖集》詩的內容來看，雖然他的考運不佳，但遊歷過的地，造訪過的名勝古跡卻不少，凡耳有所得，目有所遇，均記之以詩。

十年當中，以在和州停留的時間爲最久，當時和州知府（刺史、群守、太守、府台都是別稱）宋汝和，是他夫人的表叔，深得太守之信任，凡文案、錢穀、刑名等業務，均歸他處理，相當於現在的主任祕書。

提到和州在從前是一個相當有名的地方，現在祇不過是安徽省的一個縣級單位，和州原名歷陽，其城稱爲亞父城，是項羽謀士亞父所建，唐朝劉夢得（禹錫），曾貶謫和州，在州署後園有劉夢得詞，即《陋室銘》中陋室故址，此外唐詩《節婦吟》的作者蘇州人張藉，寄給劉夢得的詩中，有一句「看花多上水心亭」的水心亭，即在州署後園西面；城西有浣紗祠，相傳伍子胥奔吳時，托食於瀨水之女，和州人建祠以祀，又和州城西北四十里，有香泉溫泉，傳爲昭明太子沐浴之所，以上這些地方，不知現在是否還存在否。

㈢任官十八年

1.翰林院修撰

從前考中狀元，循例授翰林院修撰，是一個從六品的小京官，職務爲記載、侍讀、侍講、擬撰祝祭文稿、編纂書籍等，有機會外放各省典試主考，或提學（學台），任滿仍回翰林院，什麼時候外放，要看各人的運氣，琢堂公爲了生活上的方便與安定，首先要把眷屬接來京城，因爲初作京官，收入有限，並不如一般人的想像，中了狀元，馬上集富貴於一身，這是戲劇、小說誇大的描述而已，實際上則不一樣，加上留京二載，有進無出，手邊亦極爲拮据、不得意，以金獅巷（琢堂公喜稱經史巷，或經史里，因爲他是讀書人的緣故）老宅，典押於表弟黃紹武，眷屬方得成行。

從庚戌到辛亥，這兩年中，恭逢皇帝（乾隆）八旬萬壽，及親睹皇帝（乾隆）將內務府舊藏，蔣衡所書《十三經》墨本，命所司摹勒刻石，樹立於太學之內，他因職司記載，均作頌以記盛典。《暮春修禊序》重次蘭亭字《顛倒蘭亭序》即爲此時作品。

2. 出典閩試

三十七歲乾隆五十七年（壬子年，西元一七九二年），奉旨擔任福建省秋試主考官，秋試如無特殊情況，一定在八月舉行，以便新科舉人有充裕的時間，趕上明年的春闈（會試），京師距福建省道路遙遠，所以必須早日出發，方能及時趕到。

從京師到福建，可以走運河至杭州，再溯錢塘江而上至衢州，越仙霞嶺而進入閩省，可能長期水路，不適宜於旅行，所以政府官員，通常自京師出發，循陸路，經良鄉、涿州、河間、德州、泰安、蒙陰、宿遷等州縣至清江浦，登船進入大運河，沿河南下，經寶應、揚州、鎮江，蘇州、嘉興而至杭州，在杭州稍事休息，即溯錢塘江，經富陽、蘭溪等地至衢州，越仙霞嶺進入福建省，經浦城、延平、古田等地，最後到達福州。

琢堂公此行，一共花了將近兩個月的時間，沿途悠遊各地名勝古蹟，會晤同年好友，一路吟詩記事，好像並不寂寞，但兩個月的長期旅行，加上六、七、八月的天氣，確實也很辛苦，他在經過蘇州的時候，因皇命在身，沒有在蘇州停留，會晤故鄉親友，有詩爲證：

(1)舟過家門

浮玉洲前一葦杭，計辭井里五星霜，釣遊地近鄉音熟，車笠人稀別夢長；
秋水灌河鮭菜賤，晚風交野稻花香，道旁父老無他語，但說和豐感昊蒼。

(2)至吳江寄簡故鄉親友

經史城南里，先人有敝廬，草荒楊子宅，雲銷鄭公閭；
施敬緣桑梓，懷歸畏簡書，故鄉今似客，掛席過丞胥。

江南一帶的風景，琢堂公了然在心，坐在船上，無事可做，取出隨身攜帶的淳化、戲鴻二帖、早晚臨撫，忽有所得，作了三十首論書絕句，可以說是前所未有的有關書法的史詩，在這三十首絕句內，把我國歷代名家書法之淵源交代得清清楚楚，與《顛倒蘭亭序》，同爲不朽之作，茲錄後，以供愛好書法者之參考。

論書絕句

舟行無事，篋中攜淳化戲鴻二帖，昕旰臨橅，無有所觸，輒繫以詩積三十首。

金石銷磨款識微，我生已晚況知希，論書斷自鍾王始，清淺瀛洲萬壑歸。

鍾侯茂密古無倫，鍾繇封定陵侯，梁武書評，稱其行間茂密，鶴翥鴻騫妙入神，留得尚書宣示表，吉光一片至今新。

虎臥龍跳勢出奇，豪巔神妙本無師，世人耳食和南帖，錯道淵源衛茂漪。淳化帖錄衛夫人李衛和南一帖，言衛有弟子王逸少云云，世遂謂右軍受業於衛夫人，考衛夫人李矩之妻，充之母，恆之從妹，不應與右軍同時，此帖僞耳，衛夫人名鑠，字茂漪，見翰墨志。

蘭亭蠒帋化爲塵，玉板雙鉤拓洛神，但向藝林存褚法，廬山面目總非眞。今世所傳褉序及洛神十三行大約從褚本重鉤，全是褚家筆意，無二手法也誰使沙門聖教宣，零金碎錦費雕鐫，縱然駿骨無生氣，謬種流傳誤後賢。集字聖教序出於懷仁，世人不知以爲右軍之字，而寶之誤矣。

大字無如瘞鶴銘，焦山終古枕江青，金丹欲換無仙骨，食盡神仙蝨不靈。瘞鶴銘今不可見，後之學者山谷一人而已。

書人接跡起齊梁，武帝諸評次第詳，欲乞金針何處所，閣中空鎖舊鴛鴦。

漢例相沿不署名，初唐院體遍經生，恨無慧炬分涇渭，一概簽題鍾紹京。唐人寫經皆不署名，後世不知，概謂出于鍾紹京之手，其實不然，彼時梵筴初至，中國王侯將相，王家動戚無不寫經資福，紹京一人，豈能給邪風尚，相同筆意，往往與鍾相類，所謂經生多學褚河南耳。

玉眞公主寫靈飛，仙骨常嫌燕燕肥，解向簪花尋故格，經生目論笑全非。唐時貴主皆工文翰，靈飛經寫自玉眞公主，世以爲鍾紹京書者，無稽之說耳。

歐詢虞世南瘦硬通神否，蘇靈芝李邕敢妍奈俗何，豈許濫竽彈古調，尚求積石障頽波。

詩宗李杜文韓柳，力挽狂瀾八代衰，若向書中論三昧，此心惟有魯公知。六朝書人，相尚流逸，至初唐而靡矣，魯公一出力挽八代之衰，還爲北宋四家之祖。

六代相沿訣墓風，李家邕碑版遍寰中，如何嫡後蕭條甚，僅見元朝松雪翁。

健骨能令拙破妍，雄奇誰似柳誠懸，更聞筆正由心正，參透宗門第一禪。

規矩常留大匠門，郎官一石至今存，詩人唐突張長史，但說三盃草聖尊。（張旭筆訣魯公所師，觀其郎官石刻，規矩森嚴，所以尊之爲聖也，世人不能楷，而求工於草，其不流於怪誕無稽者希矣。）

緇黃動輒異端開，懷素高閑接武來，蚓屈蛇伸留惡札，至今竹帛尚爲災。

萬般熟極能生巧，景福殘銘露一斑，（孫過庭書，景福壁賦一段，刻在戲鴻堂。）欲識懸針垂露妙，幸留孫譜在人間。

禍起清流洛社亡，神州文翰百年荒，錚錚幸有楊凝式，姑許稱尊無佛鄉。

心畫從來可相人，端莊剛健見精神，後生未得蘇門入，不學蛾眉但學顰。（蘇公自海外歸來書多偃筆，蓋手腕病濕故，無力相運耳，後生不知而效之，遂成謬種。）

雙管齊行松偃蹇，一竿直上竹天斜，清奇特讓黃文節，故出偏師勝敵家。（山谷事事與東坡相矯，故坡公曰，儼然一敵國也。）

磊落欽奇可笑人，俗書姿媚遠傳薪，頹然自放襄陽老，應是書中劉阮倫。

宣政君臣小技精，大觀墨妙壓群英，從來藝不因人廢，欲繼蘇黃錄蔡京。（蘇黃米蔡爲宋之四大家，後人惡京之爲人，遂斥京，而錄忠惠，其實忠惠之書，不如京遠甚。）

鷗波重見晉風流，（宋人書皆宗尚唐賢、二王之意微矣，子昂初亦刻畫李北海，晚年乃入義獻之室，晉學復昌。）領取圓光頂上頭，識得蘭亭眞面目，肯從定武刻舟求。（趙臨禊帖，全與諸本不同，而神韻乃與山陰相近，其契合在筌蹄之外也。）

雲煙落帋談何易，妙在神明規矩間，若使臨池問衣缽，鮮於樞以後有枝山。

橫看成嶺側成峰，舒卷雲煙淡復濃，愛殺香光老居士，援書入畫啓南宗。（思翁書有畫意。）

涪翁神妙授於天，繼者衡山與石田，（山谷書學瘞鶴銘，爲書中孤詣絕傳，後來文得其逸，沈得其峭。）留得宗風在吳下，不知薪盡火誰傳。

始於義獻終文董，轉益多師是我師，一脈雲礽傳萬載，道如大路本無歧。

六書解散形聲在，微妙都從一畫開，何處妄人談草訣，改塗淮雨誤方來。隸眞草皆出於篆，千變萬化，總之不謬於六書之義，近有妄男子，撰草訣百韻，其謬百出，如曰玉出頭爲武，夫武字從戈從止，筆從右轉，而玉字從一從土，筆從左旋，乃牽連爲一，乖舛顯然，其他可知。

篆文通草隸通眞，矩折規周腕下神，篆意取圓，隸法取方，故草從篆生，眞從隸出，而隸寔從大篆出，則萬法同出一源耳。誰使鴻溝分兩界，錯教後學怨迷津。

風雨無聲集筆端，天機神速解人難，不須刻畫公孫舞，但作鷹飛兔起觀。

巧者難從習者游，池波染墨筆成邱，直教心手相忘日，自見干將繞指柔。

仙霞嶺爲兩浙之襟束，八閩之咽喉，漢朱買臣云：「南越王居保泉山，一人守險，千人不能上，劍閣（四川省內）而外，此其匹也」，仙霞嶺地形峻險爲古來軍事重鎭，蘇州人顧之安，於仙霞嶺上，留有一聯云：「進來福地非爲福，出得仙霞始爲仙」，其山勢之峻險，可想而知，瑑堂公過仙霞嶺時，亦有詩云：

《仙霞嶺》

翠磴千盤步步危，十夫推軛板輿遲，畫中廬井無餘國，雲裡旛竿漢壽祠；
人向三山通驛騎，天於兩浙樹籓籬，古來設險緣除暴，北面重關卻爲誰。

琢堂公發現仙霞嶺上，設有南北兩關，以爲設關的目的，在防衛南來的敵人，沒有設北關的必要，不知現在是否有跡可循，不過筆者卻認爲，北關可能是當時的第二道防線，以確保兩浙之安全。

清朝科舉制度，大都因襲明朝，凡不是倡、優、隸、卒之子孫，均可以依規定參加考試，按照考試程序，先須參加縣考，錄取後，再參加府考，然後參與學政之按試，及格者，稱爲生員，亦稱秀才，沒有考取的士子，無論年紀大小，皆稱爲童生，有了生員的資格，才可參與鄉試，各省應考生員，以本省籍爲限，絕不准隔省應試，但順天府（北京）則有例外，凡是旅居京師之各省生員，爲免於奔波，可在順天府應試，如願返回原籍參加考試，亦聽其自便，不受限制，考中鄉試者，稱曰舉人；鄉試例定逢子、卯、午、酉之年八月舉行，故稱秋闈，而且規定初九日爲第一場，十二日爲第二場，十五日爲第三場，都是先一日點入（進場），次一日放出，考生進場，正副主考官，及同考官亦同時入闈；鄉試的地點，規定均在各省省會的貢院舉行，考中舉人的士子，才有資格參加第二年的會試，會試則在京師舉行，會試則每於丑、辰、未、戌之年的二月舉行，所以亦稱爲春闈，會試錄取者，稱曰貢士，當屆會試考取之貢士，及以前各屆已考取，因故未能參加殿試的貢士，均可參加殿試，殿試在京師太和殿舉行，試期則在會試年之四月初一舉行，亦有更改者，殿試及格者分一、二、三甲，一甲三名，由皇上欽點，第一名稱狀元（亦稱殿元），第二名稱榜眼，第三名稱探花，均賜進士及第，二甲若干名，賜進士出身，三甲若干名，各賜同進士出身。

以上是讀書人，參加各級考試的一個過程，也是讀書人追求功名的辛苦歷程，凡殿試及格者，均有一官半職，以後的發展，則看各人的造化了。

各省鄉試之典試官，稱曰主考，例有正副二人，由皇上簡選，另有當地派出進士或舉人出身，非本省籍之地方官員爲同考官，正副主考及同考官之任務，爲辦理命題、閱卷、及一般試務，其餘行政方面，則由當地的重要官員擔任，如各省巡撫爲臨鑒官，布政司爲提調，按察司爲監試，後來這個制度，爲適應特殊狀況，也有變更修正的地方。

琢堂公主持這次典試，完全依照上述規定，一共忙了二十天，才結束試務：這次參加的考生總計七千四百八十人，錄取人數則未見記載，因爲第三場的考試是在八月十五日，所以這一年的中秋是在闈場內過的，有詩爲證：

闈中遇中秋，邀分校諸公，夜飲衡鑒堂，即席賦詩

明月當空一鑑懸，風簷萬燭夜生煙，初有不負有如日，直道自行休問天；
彼土山河終古秀，吾門衣鉢幾人傳，明珠美玉爭光睹，莫使滄波鋏綱偏。

琢堂公此次停留閩省期間，難免與地方官員有所酬酢，吃到些當地特產，有兩首詩與台灣事物有關，抄錄如下：

(1)浦蘇亭中丞（巡撫），以鮮龍眼見遺，作七言長歌報之：

主人貽我雕玉盤，盤中纍纍水晶凡，瑠璨外澈中含丹，入口化作甘露寒；南方佳果不勝數，荔子龍眼弁其端，我來不及荔支熟，且食龍眼涎腹寬；黃膚如玉親手剷，不辭大嚼招笑姍，如湯沃雪沁肺肝，欲作璚漿玉液觀，甜如崖密十分足，橄欖苦澀橘苦酸，江瑤之柱脆且美，坡公妙喻直不刊，我今更爲轉一解，果中此品花中蘭，姑評荔支一籌勝，其餘都作輿臺看。

筆者按：在大陸內地都知道桂圓（烘乾之龍眼經著色，顏色橙黃如桂故名）是無上補品，而很少看到新鮮桂圓，龍眼即是新鮮桂圓，白裡透黑，狀似龍眼，傳神之至。

⑵西施舌 蚌屬

屧廊香徑夢迷離，想見吳宮夜語時，歸去五湖煙水闊，至今此味幾人知；

蛤蜊且食可憐生，甚事干卿被此名，畢竟沼吳誰爲梗，錯教長舌怨傾城。

筆者按：大陸沿海各地，除福建、台灣外，均不產西施舌，記得民國七十五年，台灣南部因毒西施舌而喧騰一時，從未見有人爲西施舌爲吟詠之對象者。

3. 提學湖南

琢堂公從閩省典試回京，仍循原路北上，在蘇州稍作停留與親友相見，即奉命調任湖南省提督學政。

湖南省位於洞庭湖之南而得名，復有湘水貫穿南北，頗饒灌溉之利，是我國著名之穀倉，有「湖廣熟，天下足」之美譽，因全境以農業爲主，所以民風敦厚，且自古文風極盛，嶽麓、石鼓、集賢等著名書院均在境內，所謂「三湘九畹騷人地」，指的就是湖南；此外境內有五嶽之一的南嶽衡山，四大名樓之一的岳陽樓，洞庭湖中的君山，武陵溪、桃花源等，更是人人樂道，琢堂公迺欣然就道，由京口（鎭江）溯長江西上至湖南任所，從此又開拓了他另一旅程，均爲前所未到之處。

提學湖南，就是出任湖南提督學政，提督學政是個官名，也稱學台，它的任務已包含在官稱之中，說淸楚一點，是主持一省士子的校閱，學習風氣之推行，政令之宣導，以及貢舉之事，相當於現在的教育廳長，事實上，可以說，是皇上派在各省的督學，光緒末年改稱學使，才是名副其實的稱謂。

學台的工作比較清閒，但是要經常到各地去視察，或舉行考試，因此湖南重要城市，名勝古跡幾已踏遍，所經之處，值得一提的幾件事爲：

他在衡陽遊回雁峰，大失所望，原來意爲：「謂是南天一阨塞，下凌無極上青冥，雲梯石棧相鉤棘」。卻原來是「塊然一阜枕城南，高不十尋形偪側，其趾居民數十家，衡扉相望炊煙直，歷歷飛鴻度遠天，安論山南與山北，一培塿在天地間，豈有雲霄回羽翼」。因此感慨說「名山如名士，相見不如不相識，當其未識繫人思，及見令人生太息。我今論山如論人，不唯其名唯其實」。其實琢堂公也有所不知，回雁峰是因其山勢如雁之回旋而得名，並非因山勢高峻，鴻雁無法飛度耳。

在岳陽遇見當時的岳陽守備錢名選，錢是浙江人，爲吳越王錢武肅王之後，以其家傳鐵劵拓片相示，「鐵劵是古代皇帝賜頒給功臣的免死去罪之鐵製證書，始於漢代，錢氏所藏爲唐昭宗乾寧四年頒給錢武肅王——錢鏐——之鐵劵，其形如瓦，長一尺八寸三分，闊一尺一寸，厚一分五氂，重一百三十二兩，是溶鐵而成，戧金爲文共三百五十字，可免九死，子孫三死，或犯常刑，有司不得加責，原物當時爲浙江台州錢氏後裔所有」，筆者已將《獨學廬初稿》湘中吟中《錢武肅王鐵券歌自序》一文復印分送錢氏在台後裔。

前面提到過，凡是沒有經過學政考取的考生，無論年紀大小，一列稱爲童生，他在澧州校士時，果眞碰到一位「鬚鬢皓然，耆年博學，著書萬牘」，八十六歲的老童生梅自馨，他的兒子早已是鄉中舉人，而他卻久困場屋，仍然是個童生，因知琢堂公知文，特來應試，果然錄取，可見從前一個讀書人，爲了一個小小功名，鍥而不捨，死不放棄的精神，作爲一個現代人，是不可想像的事；他於是賦詩以記其事：

扶履飄然兩鬢霜，芄蘭重逐佩觿行，退之晚識張童子，七十年前弱冠郎。

海上蟠桃花宴繁，更從故冶見梅根，久甘冰雪山中老，觸著春風又覺溫。

旅湘期間，慶十一府（是一位武官）送了兩瓶紅毛酒給琢堂公，所謂紅毛酒是指荷蘭人所釀之酒，也就是現代人所謂的洋酒，他得到這瓶酒的年代是一七九四年（乾隆五十九年），正是拿破崙攻佔義大利的那一年，當然那個年代是沒有拿破崙、VSOP和XO等名酒，看起來現代中國人要有口福得多了，不過那個時代也是稀世珍品，他對此酒評價爲：

九醞凝成琥珀紅，雙瓻映澈琉璃綠，點犀古椀鬥雞缸，滴滴眞珠清可掬。

在湖南三年，正値湘西苗人作亂，他因經常巡遊各地，對當地之民情、山川形勢亦極了解，因而三度上書，當時負責在辰州指揮作戰之姜中丞（巡撫）：

第一封信，一共建議了十二條，內容包括：加強辰州寶慶兩地的防務，攻擊用兵的方法與時機、離間苗人中之漢人，恩威並施以苗捕苗、難民之安撫、防止兵丁搶鬧滋事，民夫分段徵用之法、以及辦差官員切勿徵調正印官員，以免造成地方不安等等。

第二封信，因知將對苗人用炮攻，建議切不可用舊砲以免發生膛炸，同時建議以銅炮替代鐵炮，因爲射擊後口徑變大，精度減退，故必須隨用隨鑄，銅之材料性能較鑄鐵易於控制，並附呈鑄炮方法一則。

第三封信，建議將來平定後，加強重要地區城池之改建，與道路之修築，並派重兵及有膽識之士駐防重要地區，以防苗亂再起，又建議與民生有關之事，如湖南銅錢（貨幣之一種）品質不良，應予改進，洞庭湖沿岸用積泥築堤，以達疏濬與防水患之虞等。

從以上三封信看來，他的建議可以說面面俱到，是他平時關心事務之心得，尤其對軍事方面之建議，更有獨到之處，不是一般文人可以比擬，他日在四川，爲威勤公延攬入幕，襄贊戎機，平定白蓮教之亂，是因爲他有這一方面的所長之故。但終以「文不能，調台鼎，替襄密勿承明；武不能，握兵符，風雷號令施行」，而遺憾終身。

《獨學盧詩文稿》初稿於乾隆六十年（乙卯年西元一七九五年）刊印於長沙官舍。

4. 重回翰林院

乾隆六十年（乙卯年）底，學政三年任滿，經漢陽、郾城、新鄭、邯鄲等地而還京，他典試閩省，是在乾隆五十七年，此次回到京師，是在嘉慶元年（丙辰、一七九六年）這時乾隆已遜位，退居太上皇，回京後，重新擔任翰林院修撰。四十三歲京察一等，以道府記名、二月充上書房總師傅，四月充日講起居注官，九月充鄉試磨勘官，十一月即奉旨授四川知府，這段經歷，記載於先叔祖孟先公所撰之家譜中，但據中華書局出版之《清代鼎甲錄》第三卷所載：「石韞玉江蘇吳縣人……嘉慶三年三月，在上書房行走，大考名列三等，罰俸一年，四月，爲日講起居注官，累遷於十一年五月，由潼商道遷山東按察使，署理布政使，十二年六月，坐事降調，後佐勒保軍幕，剿戡川楚教匪之亂……韞玉早歲以諸生七應鄉試不售……。」有三點要說明與質疑的，第一、「三年三月在上書房行走，大考名列三等，罰俸一年」在《獨學廬二稿》中，看不出與此相關的記事，而筆者相信可能是眞的，因爲一篇文章不一定會被不同的考官看好，不然他不必參加了六次會試才錄取，但筆者懷疑的是，既然三月因名列三等，罰俸一年，四月又爲日講起居注官呢？難道這又是異數。第二、「十二年六月，坐事降調，後佐勒保軍幕，剿戡川楚教匪之亂」，則與事實大有出入，因爲他於嘉慶十二年（丁卯年），被劾革職，再回翰林院，不久即稱疾隱退，不再出仕，而佐勒保公軍幕，是在重慶知府任內，潼官商道以前之事。第三、「韞玉早歲以諸生七應鄉試不售」。前面已經提過亦與事實不符，可見書也有不可盡信之處。

5. 出守重慶

嘉慶三年（甲午）十一月，琢堂公奉旨外放四川知府，此時，白蓮教正在川陝一帶興起，道路不寧，因此乃孑身獨往，於嘉慶四年（乙未年）元旦，即自京師清風鎮出發，進入山西省，在永濟渡黃河至陝西，在將渡黃河時，寄簡都門親友，有句云：「前途日與青天近，十萬峰巒足下看。」可見他當時，意氣風發，頗爲得意，亦可看到中國雄偉的山岳。二月初四抵寶雞時，適逢白蓮教徒，正在附近竄擾，停留了十天於十五日進入棧道，因地方已遭到兵燹，但見：「出山泉源花竹盛，地經兵火市廛稀，荒村夜靜無龐吠，野屋春深有燕飛」的荒涼景象；過七盤嶺時，更感慨良深，留下了可與杜甫的《石壕吏》媲美的《七盤嶺記事》的詩句：

七盤嶺記事

夜宿寧羌州，朝登七盤嶺，峻坂崎嶇高入雲，過關州里無人影，昨宵
驛吏向我言，官兵半千關上屯，如何今日驅車去，匹馬隻輪無覓處，

鬅頭童子草間出，戟手指天向余說，連日關頭曾列營，旌旗蔽日刀槍鳴，朝來忽聞有賊信，頃刻倉皇拔營遁，我聞國家設兵以衛民，如何賊猶未至兵先奔，道旁一叟向余泣，但怨官兵不怨賊，官兵避賊如避雷，賊去百里兵始來，賊來焚掠有餘燼，官兵所過掃地淨，佩刀不斬賊人頭，但入村舍屠豬牛，戰馬無芻又無苣，中田群行麥苗秀，村居十室九無人，繡户文窗摧作薪，承平將吏工諧笑，不習戎韜習文貌，忽聞賊去心腸寬，整頓弓刀迎上官，上官問賊曰小醜，小醜至時大兵走。

讀了這首詩，可以看出當時軍隊腐敗的情形與老百姓的疾苦，後來在四川參與戎幕時，寫過一首：

漫成

夜戰多金鼓，晝戰多旌旗，孫吳著成法，將爲兵家師，後人習野戰，遇冠惟窮追，技擊與節制，一切無所施，退亦不聞金，進亦不聞鼓，雲集而雨散，士卒自爲主，敗則諉諸天，勝亦夸予武，如此英彭流，噲所不屑伍。

說出當時打仗，完全是打的糊塗杖，各自爲政，但憑匹夫之勇，乾隆時代，是滿清極盛時代，但從這兩首詩中，可以看出已露衰敗之象，到了咸豐年間，更是不在話下，到了不可收拾的地步。」

筆者按：七盤嶺，亦稱七盤關，在四川廣元市北七十公里川陝兩省交界處，唐乾元二年（公元七五九年）冬，杜甫由隴入蜀，路經七盤關，寫五盤詩云：「五盤雖雲險，山色佳有餘；仰臨棧道細，俯映江水疏」。五盤即七盤，指山路曲折盤旋而言，雲之古字爲云。

二月底，到達成都，辦完報到手續後，即補實重慶知府，由水路順流而下到重慶，於三月二十七日接任；重慶府所屬，共有二州十一縣（即合州、會理州、長壽、定遠、巴縣、涪陵、忠縣、江津、璧山、永川、銅梁、大邑、榮昌等縣，不知是與現在的重慶特別市相等或更大之），分跨江之南北，其在江南者，尚皆完整，其在江北者，悉遭蹂躪，瘡痍滿目。當時因防敵人侵入重慶，因此重慶城門，白天也緊閉，影響民間日常生活，琢堂公登城察看後，重慶有九個城門，其中七個皆臨江，僅北方兩個門通陸路，而通遠門外有高山俯瞰重慶，明末，張獻忠即從此門進入重慶，因此下令僅閉通遠一門，其餘均開放，商旅稱便。

到任不久，即奉經略大臣勒保公徵召，總理川東軍務，除應遵守，一般地方官應有的責職外，又增加督飭所屬地方防務，兵力支援、傷患醫療與後送，過境軍隊之補給，以及所屬地方敵情之查報，地方團練之訓練等等；他雖從未經歷過這些事情，但卻處理得有條有理，不僅唯命是從，還會適時提出建議，因此勒保公對他很賞識，可惜半年後，勒保公因被小人誣告，關入刑部大牢，後來四川軍事，一再失利，勒保公復出，索性調入勒公戎幕，襄贊軍務。

嘉慶五年正月，白蓮教徒雷士旺，冉天元兩股，約五六千人，由開縣南下，有侵入重慶之企圖，於初九那一天，已抵達江北靜觀場，重慶人心惶惶，城中士紳問計於琢堂公，琢堂公一面告訴他們說，渝城三面臨江，固若金湯，如無奸細內應，不怕敵之來犯；一面立刻親赴江北鎮視察，並佈置防務，認爲江北鎮，有城可守，告戒守軍，不必驚慌，亦不得輕舉妄動，否則以軍法從事，同時調集民船三百艘，泊於魯班廟，爲防萬一不能守時，即以船將守軍接回，又調重慶城內駐軍三百名，赴江北鎮協同防守，另將重慶守軍二千餘人，佈防於浮圖關，以防北方來侵之敵，至於江防方面，則調鄉勇（民兵）一千五百人，分爲三營，分別由地方人士領軍，在江邊設卡，每十里爲一汛，彼此以哨音聯絡，以壯聲勢，又將江中渡船，皆拘泊南岸，以防爲敵所用。初十日，敵至江北鍋廠、袁凱等地，乃乘夜以砲隔水擊殺敵三十餘人，有一敵入，騎馬至江干，被砲擊中馬腹，並傷及敵人腿部而被擒，所擒之敵姓甘，爲雷士旺的副手，乃送至總部正法，敵人遂遠走上遊石板沱，偷渡嘉陵江，擾及川西諸州縣，歷時百天，至夏初，官兵大集，冉天元被擒，敵始返回川北，這一仗，保住了重慶，事後論功行賞，琢堂公獲賞花翎加道銜；這一仗，雖不是一場大仗，短短幾天就結束了，但看他，臨危不亂的鎮定工夫，與其指揮調度，頗有大將風範。

最初白蓮教於嘉慶元年，開始於四川、湖北一帶作亂，清政府派陝甘總督宜綿入蜀主持軍事，歷久不能平，乃改派雲南總督威勤公勒保取代宜綿，此時教徒共約千餘人，但爲首者，卻多至四十餘人，且彼此不相統屬，到處焚掠，由四川、湖北蔓延到陝西、甘肅、河南五省，威勤公勒保入蜀後，首先整頓軍務，士氣大振，在嘉慶四年春，又任命爲經略大臣，總統五省軍務（相當與現在的軍區司令），進駐達州（現爲達縣）居中調度，另外有一副都統福寧辦理糧餉（軍需），此人因在甘肅布政使任內，與當時之陝甘總督勒保有嫌隙，向朝廷奏報威勤公不實罪狀，嘉慶皇帝大爲震怒，改派威勇侯額勒登保爲經略大臣，吏部尚書魁倫爲四川總督，魁倫將勒保公逮捕問罪，以坐失戰機，擬在成都就地正法，奏報上去後，皇帝認爲罪不至死，乃命解交刑部囚入天牢；自從威勤公去職後，蜀中軍務無主，本來是一人統率，而現在變爲雙頭馬車，敵人乃乘機復熾，而經略大臣與總督兩人，又彼此不和，就在嘉慶四年冬天，經略大臣額侯，假說陝西情況緊急，把所有精鋭部隊，帶往陝西，留下四千老弱，交魁督接辦掃滅川中殘敵，魁督於嘉慶五年元月接任後，即欲開始攻擊，此時有人告訴他，這些疲弱的老兵，如何能殺敵，這個時候魁督才感到害怕，因此在達州城外之雷音舖駐師，元月十三日徵調總兵朱射斗之兵爲前敵，朱於十四日啓行，而侵擾重慶不逞之敵，已由石板沱偷渡嘉陵江，擾及川西，朱射斗追敵至蓬溪，乘夜進兵，陷入敵中，不幸陣亡，魁督本不能兵，又失倚靠，祇好退守潼川河（涪江上游），潼川河綿亙千餘里，兵力更見分散不能守，此時至南充之敵欲渡潼川，苦無渡船，而對岸之射洪縣之太和鎮，與南充遙遙相望，射洪縣令下令禁渡，這時南充難民於河邊呼號求渡，不得已放江船三艘接引過河，不意敵人混跡其中，是夜即在太和鎮放火殺人，此地居民從未見過兵火，猝然聞警，四出逃散，敵遂全夥渡河，渡河之敵共有五股，有數萬人之衆，川西州縣，皆被焚掠，一直到達金堂（成都附近），此時（嘉慶六年）嘉慶帝始知威勤公之能，於是把他從天牢釋出，命赴四川督師，而魁督與福寧，分別賜自盡及充軍伊犁。威勤公重掌四川軍務後，即徵調他爲幕友，在《董午橋遺草序》中，有一段敘述，可以看出他當時的工作情形，與對四川的感情：

「余平生宦遊於楚、於蜀、於秦、於齊，皆車轍馬跡所經歷，而惟蜀爲最久，自嘉慶四年出守重慶，維時治戎孔亟，昕夕不遑寧處，既而奉威勤公之檄，召入幕府，與聞帷幄事，由是佩刀櫜筆，日奔走於高牙大纛之間，南至夔門，北至劍閣，迢遞二三千里，荒山窮谷，無所不履，而一時文武才雋，無小無大，皆得結縞紵之歡，如是者七年然後遷去，故所經山水，惟蜀爲多，所交朋友，亦惟蜀最夥，其既去也，不能無依依之思。」

琢堂公於總理川東軍務時，尚有兩大貢獻，通令所屬州縣遵行：

一爲立團練輪操之法，即以一百人之費用，訓練三百人之團練，方法爲每一百人每月操演十日，輪替更換，週而復始，既可節省公帑，亦不荒廢團丁之本業，又不致生疏其技藝（戰技）。

另一爲訂立守寨章程十二則，舉凡立寨位置之選擇，一般守寨之規定，特別強調後備部隊之重要，水井水池之挖掘，注意煙火的防範，利用農閒勤練戰技，新穀登場，一到收割上寨，確實做到堅壁清野等等。

以上所述，都是他在軍事上之作爲，由於平時關心民間疾苦，他在治績方面值得一提者有：

(1)禁用私製斗斛，防止奸商霸持行市，入多出少，重新依標準鐵斗，製造新斗，經較驗合格後，烙印使用。

(2)通飭各州縣，立即廢除並不得擅用非法定刑具逼供。

(3)嚴禁訟師痞棍，表裡爲奸，挑唆興訟，一經發覺，重則立斃杖下，輕則永遠枷號。

(4)禁止以假命案，告官圖詐，一經審虛，以反坐律治罪。

(5)禁止田地強賣，凡土地交易，必由兩造情願，概不許控官強賣，官亦不得強押成交，違者重究。

⑹禁止竊案之株連，以防捕役爲生發錢財之地。

⑺嚴禁濫押無辜，凡非律法應科罪之人，只許取保住店，不許押卡（拘留所）。

⑻嚴禁差役，拘提罪犯時，呼朋喚友，至民間混吃混喝以擾民，規定於拘票上，書明差役人數及姓名。

⑼因四川從未辦過賑務，特規定賑務注意事項，通令所屬州縣遵行，其重點爲：辦理賑務，必先稽查户口，確實核定極貧與次貧，然後散發銀封救濟，稽查户口與散發銀封人員，必須以不同人員辦理，以免發生弊端；賑銀應徵召銀匠，按册依應賑人户，逐一剪碎裝封、封口，並書明户口大小人數等，以便核實發放。

四川軍事，於嘉慶八年，才完全平熄，他凱旋回到重慶。次年他四十九歲，擔任鄉試內監試官，復又奉召進京覲見。

6. 潼關道

琢堂公於嘉慶九年臘月下旬，自重慶乘船東下，嘉慶十年元旦於巫山縣度過，元月九日才出峽，十五日到荊州（江陵），最後在漢陽上岸，這一段水路至少走了二十幾天，從巫山到荆州，也有半月之久，並非如李白所謂：「朝辭白帝彩雲間，千里江陵一日還」的那麼快速——朝發而夕至。

琢堂公抵達湖北省境後，於漢陽登岸，經武勝關進入河南省，沿途經朱仙鎮弔宋將軍岳武穆，又經汴梁（開封）艮嶽懷古，然後再度到達邯鄲，循原來出京路線於三月初（嘉慶十年）進宣武門回到了京師，路上一共走了兩個多月，四月引見即奉旨以道員任用，在京師除覲見皇上外，還要拜見座師，同年、舊識，難免詩酒酬和一番，一直忙到六月初，才告假省墓，回到了闊別十一年的故鄉蘇州，並接眷同赴四川任所，《浮生六記》作者沈三白，就在這時與他同行，嘉慶十年九月九日從蘇州出發，十一月到達湖北荆州，得知已調陞潼關道之訊，於是乃把眷屬留在荆州，請沈三白照顧，自己則溯江而上，回到重慶辦理移交，然後循進川之路線，經西安至潼關接事，眷屬亦於嘉慶十一年春抵達，潼商道的任務是掌管潼關稅務，工作不太忙碌，他在潼關官舍題壁詩云：

馮翊古王畿，官衙向翠微，有秋田畯樂，無訟吏人稀；望嶽三峰近，臨河百雉圍，此邦風俗好，擬住十年歸。

哪裡知道，半年不到，於嘉慶十一年（五十一歲）七月，又奉旨調陞山東按察使。

他在潼關的時間雖短，卻爲與他無關的山西百姓做了一件好事，因當時，正值陝西、山西鬧災荒，而山西尤爲嚴重，米價暴漲，每石漲到銀子十七兩，餓死許多百姓，他毅然打開官倉，平價出售糧食，賑濟山西災民，有人勸他不要出售，以免損害朝廷利益，給自己造成麻煩，他卻回答說：「山西百姓也是朝廷的子民，我不能眼睜睜看著百姓飢餓而死」。終於不爲所動。

7. 按察山東

按察使，俗稱臬台，相當於一省的最高法院院長，現在看起來不算什麼，在從前可以說相當威風，所謂三大憲，指的是撫台（巡撫）、藩台（布政司）、臬台（按察使），是地方上最高的三位大員。琢堂公因經濟困難，無法與眷屬一同赴任，祇得又獨自一人於九月先往接任，及在任所領到了俸祿，始派專人到潼關來接眷，於十月底起程赴濟南，這時沈三白也接到他女兒青君的來信，稟告她的弟弟逢森已於四月間夭亡，三白悲痛萬分，他乃有贈妾之舉，以慰三白客途寂寥。

琢堂公在山東任內，曾二度代理布政使。他自三十五歲及第至五十二歲，在這一段時間內，可以說官運亨通，仕途看好，但是一個人的好運，也有走到頭的一天，就在這個時候，濟南知府張鵬昇，因命案誤勘而致人命，琢堂公乃詳請參劾、解任、質審，在尚未審結前，朝廷派左都御史周廷棟，刑部侍郎廣興到山東巡視，張乃乘機向廣興行賄，因借王三柳氏和姦一案，草疏劾公，有故意開脫罪犯之嫌，經交刑部議處革職。

8. 辭官歸隱

嘉慶皇帝，因念及琢堂公平蜀有功，革職後仍賞給他一個翰林院編修的職位（比初任修撰的職位還差了一級），在史館效力，因此他又再度於嘉慶十二年六月回到京師，大家都認爲他將來復起的機會很大，但他素性淡泊，又鑒於宦海詭譎多變，不如歸去，乃於同年十一月稱病辭官歸隱，結束了十八年的爲官生涯。

㈣優遊林下

琢堂公稱疾歸隱，立即回到江南，但沒有在老家蘇州住下，因爲蘇州老屋，十八年前爲了接眷赴京，典押與表弟黃紹武，後來在他去潼關任所前，他的表弟已無條件還了給他，但因十八年來，無人居住，已蕪損不堪，需要整修，衹好來到杭州，與當時任職仁和縣令的長子同福公，同住於鳳凰山麓，從此西子湖畔多了一位高雅之士，頗受地方人士之歡迎。

琢堂公對杭州並不陌生，在他中舉前，曾到過杭州，遊過西湖，並至裡西湖遊小有天園登琴台，觀司馬溫公摩崖隸書，及紫陽山、三忠祠等處，均留下懷念的詩句，中舉後在安徽和州任職幕府時，有一年返鄉，曾經歙縣，循新安江、富春江、錢塘江而至杭州，後來奉命典試閩省，往返兩次均在杭州落腳，這番到杭州就養，可以說熟門熟路，有如回到自己的家鄉，因爲他兒子是當地的地方首長，以及他狀元的頭銜和名望，很快地與當地官員、地方士紳結識，從此湖山暢詠無虛夕，六橋三竺有他的遊蹤，次年（嘉慶十三年）並延聘杭州紫陽書院講習。

琢堂公除與當地官員、士紳、名士相交外，並有方外之交，當時杭州靈隱寺之品連和尚，理安寺的寒石大師，均非俗僧，能文能詩，因此亦與他過往甚密，且爲靈隱寺籌募，典藏嘉興楞嚴寺刊印的大藏經書，也爲法相寺重修後作記書碑。品連和尚並曾出示寺中珍藏之南宋理宗像、理宗宴遊圖、明九連菩薩像、及貝葉經等，這些文物，現在可能已不存在了。

琢堂公在杭州這段時間，正是儀徵阮元（芸台）巡撫浙江之時，阮公曾疏濬西湖污泥堆成一小島，杭州人稱之爲阮公墩，與白堤、蘇堤齊名，當時爲一荒島，且土質鬆軟，不堪登臨，現今改良土質，建有民俗遊樂區，在島上可以享受中國古時生活，入夜，燈火通明，遊人如織，爲西湖觀光重點之一；阮公除以此小島爲杭人稱道外，尚有鮮爲人知道的，是他曾經在靈隱寺內建有書藏（即圖書館）一所，筆者幼年在杭州時，從未有人提起，當時阮公經常招集賓僚，到寺中聚會。

琢堂公的長子同福公，在浙江做官，曾先後出任仁和、義烏、鄞縣、德清、餘姚、山陰等地縣令，最後出任杭州知府，因此這些地方他都去住過，並爲當地重修文廟、學宮、寺廟等作記立碑。

琢堂公退隱之後，爲了生活及修葺蘇州老屋，不得不爲人作書、畫、文字等，收取微薄潤筆，在城南老屋記一文中，有如下的記述：「……凡官於中外者十有八年，曾無寸田尺宅，幾幾乎並先人之敝盧而失之，其歸也，至無以安八口，古人云：隨身衣食，仰給於官，不別治生以長尺寸。余亦庶幾矣，今歸田七年，乃藉朋舊草堂之資，銖積而寸累，以復先人舊業，不可爲非幸也……」。由此可知，他能恢復先人舊業，全靠他爲人作書、畫、文字，收取潤筆，銖積寸累而成。

嘉慶十六年（辛未），琢堂公退隱後第四年，威勤公簡任兩江總督，因此重入威勤公幕府，出掌文案。這一年秋天，威勤公內召，授武英殿大學士，賓客因此皆散。當在幕府時，他結識了一位周石的杭州人，他有一册林和靖先生的詩集，林和靖爲宋朝人，以梅妻鶴子隱居西湖孤山，在杭州人的心目中與白居易，蘇東坡一樣被尊重，琢堂公對林和靖亦極推崇，曾數度往謁林和靖先生祠堂，得此詩集愛不釋手，認爲林詩爲山林之詩，以樂天知命爲宗，乃將詩集抄錄，復於十年後（道光元年（辛巳））付印，以廣流傳。

琢堂公在杭州居住的一段時間裡，還完成了文學上的一件偉大工程《袁文箋正》一書；袁文是指袁枚的文章，袁枚字子才，號簡齋，別號隨園老人，浙江錢塘（杭州）人，乾隆己未進士，歷任江蘇溧水、江浦、沭陽、江寧（南京）等地縣令，後落籍江寧；袁枚在當時是一位名重士林的大文豪，現在有很多餐館，用隨園作招牌，因爲他也是一位美食家；袁枚詼諧（幽默）風流，天才橫溢，詩文之外，尤長駢體文

（即四六文），駢體文始於東漢，盛於六朝，唐宋時古文詩詞興起，駢體文乃趨沒落。他所輯袁文，是將袁枚以駢體文爲體裁之文章，集爲一册，並予以注釋改正，故名爲箋正；駢體文一般人不容易讀通，因爲文章中引用了許多典故，也有引用錯誤者，讀者不知其出處，當然不知道其內涵了，他「於三餘之暇，倣李善注文選之例，一一箋釋之」，差不多花了三年的時間，才大功告成，自認僅得十之八九，可能還有錯誤之處。此書中央圖書館典藏，台灣廣文書局重刊。

琢堂公於嘉慶十二年（五十二歲）退隱，因蘇州老屋蕪舊無法居住，乃暫與他的長子同福公在杭州同住，經過七年的時間，將老屋加以整修，於嘉慶十七年始遷歸蘇州金獅巷舊居。他回到蘇州後，並沒有安定下來，因爲他愛好遊歷，嘉慶十七、十八兩年中，曾兩度至金陵（南京）遊清涼山，至隨園看牡丹，也到過揚州；嘉慶十九年，江寧（南京）尊經書院延聘他前往主講，又在揚州書局主修全唐文，在揚州時，住在揚州名園之一的休園，休園原爲鄭氏廢園，園中有三株合抱大樹，主人將砍筏賣作薪柴，當時在揚州行醫的蘇州人陳傳倬，夢樹神求援，因此乃將園買了下來，修葺後更名爲休園，爲當時賢士大夫嘯吟之所，他寄寓於此，曾作休園八詠，名爲：〈三峰草堂〉、〈嘉樹讀書樓〉、〈春雨亭〉、〈雲峰閣〉、〈望翠山亭〉、〈希夷花徑〉、〈竹深留客處〉、〈來鶴亭〉等，不知此園還在否、景色依舊否。

琢堂公於嘉慶二十一年（六十一歲）入主蘇州紫陽書院，培育當地子弟，一共長達十年之久。在這段時間內，常往浙江長子同福公任所小住，有兩件事值得一提：

⑴道光三年，同福公時任餘姚縣令，琢堂公乃將他的傑作《暮春修褉序》，用寧波天一閣典藏之《蘭亭集序》字，刻石嵌於蘭亭壁間，至今猶存。

⑵道光九年（一八二九年），琢堂公七十四歲時重遊杭州，在他兒子同福家中作了一首詩，詩爲：

秋九月至錢塘子舍作

又向錢塘放棹行，都緣兒女未忘情，眼看四世冠裾集，身趁三秋扙履輕；

東浦酒香宜養老，西湖山好況新晴，幽情偶過招提境，尚有僧伽識姓名。

他的長子同福、媳婦、女兒、孫子均有呈本奉和，後有賢達之士如俞曲園等人題跋，從俞曲園的題跋中，得知俞曲園自河南罷官歸來，出任蘇州紫陽書院講學，曾在我家老屋居住，他曾擬將其中一個廳鶴壽山房改爲三庚戌堂，三庚戌堂是指無錫稽文恭拙修，是雍正庚戌登第，鶴壽山房四字爲其所題，石琢堂是乾隆庚戌狀元，俞曲園是咸豐庚戌年的進士，三人都有一點連帶關係；由此可知道庚戌年的春闈，並非恩科而是正科，從他的題跋中也知道老家是毀於太平天國之亂，如今蘇州文物管理處，於金獅巷內尚有古屋數間，列入管理不知是否有我家殘屋在內；蘇州馬醫科巷的俞曲園故居是同治十三年，經李鴻章、顧文彬等人捐資興建的。琢堂公的詩稿及題跋，經堂叔祖似梅公裱褙成長卷，在一次公差之前，將此卷交給先祖父循三公保管，似梅公不幸因公殉難，溺死於黑水洋中，從此長卷由大房落入二房，亦是異數，至今尚保存良好，爲我家唯一傳家之寶。

琢堂公退隱生活，除教育後進，吟詩自娛外，對蘇州重要文物之編輯，修建以及公益事業等，可以說無役必與，均在他的領導下完成。茲將重要幾項略述於後：

(1)道光三年及十四年，蘇州先後兩次水災，四鄉哀鴻遍野，琢堂公於官賑之後發起民間義賑，出錢出力，並埋葬浮葬棺木三萬具之多。

⑵滄浪亭吳郡五百名賢祠，是根據蘇州人顧湘舟蒐集的吳郡名賢像五百七十人，由當時巡撫陶澍（琢堂公的學生）、司寇韓桂林、布政使梁章鉅（字茝林），按察使陳芝楣、太守葛峰及琢堂公等人於道光七年共同發起，均認爲應刻石以垂永久，藉以策勵後進；此時正值重修滄浪亭落成，乃在其旁建祠，由琢堂公撰寫像贊，並主持招工石刻嵌諸壁間。五百名賢並不一定是蘇州人，凡是在蘇州府屬爲官或居住過的名人賢士均包括在內，最早一位爲春秋時代的吳公子李扎，其他歷史上有名人物如：伍員（子胥）、李白、劉禹錫、白居易、范仲淹、歐陽修、司馬光、石延年（曼卿）、蘇舜欽（子美）（滄浪亭之創建者）、蘇軾（東坡）、米芾（南宮）、文天祥、沈周、祝允明（枝山）、唐寅（伯虎）、文徵明、歸有光、顧炎武等人均列入祠內，可惜沒有將現在已全球聞名的軍事家孫武入祀；琢堂公歿後，蘇州人亦將他入祀，清末名臣林則徐，曾兩度在蘇州爲官，深得蘇人敬仰，歿後亦列入祠內，所以實際人數已超過五百七十人，共計爲五百九十四人。

⑶在蘇州西磧庵有古梅一株，琢堂公於道光三年與尤春樊、黃堯圃、彭雅泉三人

共結問梅詩社，每月一會，會必有詩，後來歸田者有：朱替善蘭友、韓司冠桂舲、吳廉訪隸華，潘農部理齋、黃琴涵太守，及卓海帆京兆等，亦先後加入，除每月一會外，東坡生日（十二月十九日）亦必聚會，至道光十年已達百次之多。

⑷琢堂公在主持蘇州紫陽書院時，曾輯有國朝文英集二集，爲當時舉子之參考書籍；又與宋如林主修蘇州府志一百六十卷。

道光十七年五月初五琢堂公病逝家中，享年八十二歲，葬於蘇州光復鄉，西磧山祖塋之西。

㈤結語

1.琢堂公的一生，雖不能說多彩多姿，但憑他淵博的學識、敏銳的判斷、沉著穩健的作風，及熱心服務與鍥而不捨的精神走過一生，爲後人留下去思。

2.琢堂公爲官清正廉明、論事務持大體，不視近利、不隨時好，他初任京官時，典屋接眷及退隱之後，無以安八口之家，祇得到杭州長子任所就養，以及他在任內的政績都可說明一切。

3.琢堂公允文允武：文的方面，考中狀元，官做到按察使；武的方面，他對防守作戰，後勤補給，均能處置得宜。見前在湖南時，上姜中丞書，及在重慶任內參與敉平白蓮教之亂，但他官運不及他同科探花王宗誠，在重慶七年，大半時間，為平定白蓮之亂，奔走於夔門，與劍閣之間，荒山窮谷，無所不履，結果僅得一道銜，賞帶花翎，因此他自嘆「文不能，調台鼎，替襄密勿承明，武不能，握兵符，風雷號令施行。

4.琢堂公生性淡泊，雖曾在仕途發展，因讀書做官，是當時文人唯一出路，但從他的詩集中，經常有言志、書懷的作品，說明他志不在宦途發展，選錄數首，可以看出他的心路歷程，因此他在罷官後嘉慶皇帝仍用他擔任編修之職，大家都認為他復起的機會很大，而他卻急流勇退，辭官歸隱，可以說明一切。

(1)**西磧山人歌**西磧山在蘇州光復鎮為我家祖墳所在地，西磧山人為琢堂公之別號，此詩載於《獨學廬初稿》、《雲留舊草集》為中舉前之作品。

春雲靄靄生春山，山人結屋雲山間，雲與山人作儔侶，山人蹤跡如雲閒；山人愛山兼愛竹，屋外三竿兩竿綠，春雷一聲籜龍驚，繞屋擅欒抽碧玉；西溪流水聲浪浪，溪上綠陰無夕陽，山人睡起不知處，一簾清影疑瀟湘；山人無事終歲讀，架上有書七千軸，食有杞菊無膏梁，衣有薜荔無紈縠，一壺酒一張琴，入林不密山不深，門前落葉秋不掃，山人蹤蹟無人尋。

(2)**靜觀吟**載於《獨學廬初稿》、《雲留舊草集》爲中舉前之作品

買園種橘千樹，閉户讀書十年，放鶴青山缺處，懷人紅豆花前；
門外烏啼花落，廚中酒熟茶香，自號綠春詞客，端居白石山房。
抱膝自吟梁父，扶笻獨上蘇臺，我被白雲留住，客隨黃鶴歸來；
載酒吳王墓下，探梅鄧尉山頭，揮麈何妨說鬼，擁書不羨封侯。
采藥自尋丹訣，銜盃欲問青天，傲骨亦儒亦俠，齋心非佛非仙；
掃室焚香讀易，乘舟酌酒吟騷，帖藏南宮寶晉，詩學東坡和陶。

(3)**息影**載於《獨學廬初稿》、《雲留舊草集》爲中舉前之作品

息影衡茆下，門無剝啄聲，祇緣行役苦，漸覺宦情輕；
詩思山爭瘦，琴心鶴共清，著書常閉户，鄉曲不知名。

(4)**游子吟**載於《獨學廬初稿》、《江湖集》上 此詩作於第一次赴京會試留京時所作

日落風起，群鳥亂飛，陟彼崇卬，遙望故扉，浮雲如蓋，冪我庭闈，京華雖樂，不如南歸，溪有荇藻，山有蕨薇，薄言采之，可以療饑，家有板輿，勝于驂騑，金貂爛然，不如菜衣，平沙迢迢，密雲霏霏，嗟我遊子，境與心建。

(5) **聞喜** 載於《獨學廬初稿》、《玉堂集》爲考中狀元後第一首詩名，共有七首，其中最後一首爲

卅載癡雲乍出山，游魚上竹不知艱，平身自有行藏術，豈在尋常科第間。

(6) **沁園春** 余既作松菊猶存圖，因賦此詞見志，載於獨學廬二稿，花韻菴詩餘集，重慶知府任內所作。

歸去來兮，富貴無窮，吾生有崖，想故園三逕，菊松猶在，山廚四月，櫻筍方嘉，兒解談詩，婦能謀酒，絕勝官衙聽鼓撾，回首處，覺心爲形役，靜裡嗟呀。

百年幾許韶華等，夢熟黃粱日已斜，憶直廬視草，風傳鈴索，軍門磨盾，血染袍花，荏苒流光蹉跎，卑位自笑，閒雲出岫，差歸去罷，算蒼生霖雨，未必需咱。

(7)丁卯六月，緣事受替將入都門，孫淵如觀察餞我於匯泉僧舍，即席賦別，並訂南歸之約載於《獨學廬三稿》〈晚香集〉可見他此時已有退隱之意

十年鞅掌苦勞薪，暫得今朝自在身，無恙雲林應住佛，有情魚鳥尚依人；霜前落葉先辭樹，風裡花木不戀茵，話到故山松菊好，歸田相約五湖濱。

5.琢堂公個性隨和，他在杭州時，與當時杭州名畫師楊補帆，及另一位後生張伯雅，素不相識，經沈三白介紹，均成爲莫逆之交，張伯雅的年紀，比他的兒子還小，竟暱稱他爲小友，琢堂公欣然接受，不以爲忤，由此可見他平易近人的一面。

6.琢堂公於詩、詞、歌、賦、琴棋書畫，金石篆刻，可以說樣樣精通，甚至算術三角，鑄砲之術，亦有所涉獵，在這些項目中，最爲人稱道是詩與書，在《獨學廬詩文稿全集》內，收錄了古今詩體二仟二佰二十餘首，還有很多詩稿未曾收錄，包括問梅詩社一百次集會的詩，沒有全部納入，以及他七十七歲至八十二歲所作的詩，亦未包括在內，可以說是一位多產的作家。

7.蘇州老屋，花了七年的時間才修復，完全靠他賣字，寫文章的潤筆，珠寸累積

而成，但留下的墨寶並不多，據作者多方查訪，已知者，有成都武侯祠的前後出師表，這是他在四川時，四川學使聶榮峰請他寫的，並勒石於壁間，一九九二年筆者造訪武侯祠，因碑有裂痕，字跡模糊，已被取下，保存於四川成都文物管理處，筆者曾托人取得拓片之印本。此外蘇州五百名賢的贊語、紹興蘭亭《暮春修禊序》的跋文，以及蘇州寒山寺寒山拾得（亦稱和合二仙）殿後，千手觀音像上方橫額「現千手眼」四個大字，亦是他的手筆，最難得的，是在台北國父紀念館，有一位台灣收藏家舉行書畫展，竟然有副琢堂公寫的對聯，筆者與內人在聯前攝影留念，又上海人民美術出版社的歷代名人楹聯墨跡一書中，也有他的一副對聯。

㈥石公諱韞玉年表

西元	年號	干支	年歲	事略
一七五六	乾隆二一年	丙子	一	九月二十一日出生於蘇州金獅巷
一七五七	乾隆二二年	丁丑	二	
一七五八	乾隆二三年	戊寅	三	

一七五九	乾隆二四年	己卯	四	
一七六〇	乾隆二五年	庚寅	五	在父親惠疇公教導下啓蒙
一七六一	乾隆二六年	辛巳	六	在住家附近的私塾就讀
一七六二	乾隆二七年	壬午	七	
一七六三	乾隆二八年	癸未	八	
一七六四	乾隆二九年	甲申	九	
一七六五	乾隆三十年	乙酉	十	
一七六六	乾隆三一年	丙戌	十一	
一七六七	乾隆三二年	丁亥	十二	
一七六八	乾隆三三年	戊子	十三	
一七六九	乾隆三四年	己丑	十四	在中表黃氏之家塾住讀四年內，並偷讀黃家兩個書櫃之雜書。
一七七〇	乾隆三五年	庚寅	十五	應考童子科。
一七七一	乾隆三六年	辛卯	十六	

一七七二	乾隆三七年	壬辰	十七	
一七七三	乾隆三八年	癸巳	十八	入學爲學官子弟（秀才），於是進入紫陽書院，受業彭芝庭先生門下。
一七七四	乾隆三九年	甲午	十九	參加省試，沒有考取，於金陵（南京）市上購得史記一部，歸而讀之，大喜，花了十個晚上才讀完這部史記也是他藏書的開始。
一七七五	乾隆四〇年	乙未	二〇	回紫陽書院就讀。
一七七六	乾隆四一年	丙申	二一	受業於郟絅菴先生，授以作文之法：一要切題，二要自立境界。
一七七七	乾隆四二年	丁酉	二二	第二次參加省試（鄉試）不中。
一七七八	乾隆四三年	戊戌	二三	學使劉文清，傳他到江陰使院，考他的詩古文辭，極爲滿意。
一七七九	乾隆四四年	己亥	二四	考取第十三名舉人，隨即赴京師參加明年的會試。

一七八〇	乾隆四五年	庚子	二五	第一次參加會試，沒有考取，因第二年還有一次會試，乃留在北京未歸。
一七八一	乾隆四六年	辛丑	二六	第二次參加會試，不第而歸，歸來後結合好友於碧桃書塾成立雪鴻詩社。
一七八二	乾隆四七年	壬寅	二七	在蘇州老家住了一段時間，爲了生活外出遊幕
一七八三	乾隆四八年	癸卯	二八	在玉峰縣遊幕。
一七八四	乾隆四九年	甲辰	二九	第三次上京趕考，沒有錄取，回來後在安徽和州做事。
一七八五	乾隆五〇年	乙巳	三十	仍在和州任幕友。
一七八六	乾隆五一年	丙午	三一	客和州已兩載，曾遊采石磯。
一七八七	乾隆五二年	丁未	三二	第四次自和州赴京參加會試失敗，頗有心灰意懶之感。
一七八八	乾隆五三年	戊申	三三	在家住了一年。
一七八九	乾隆五四年	乙酉	三四	在蔣氏夫人鼓勵下，第五次到北京參加禮部會

				試，又沒有考取，因爲第二年還有一次正科考試，乃閒居都門，曾有西山之遊。
一七九〇	乾隆五五年	庚戌	三五	第六次參加會試，考取第十四名貢士，殿試閱卷大臣初擬第四，乾隆皇帝欽點，特擢爲第一（狀元），授翰林院修撰。這一年是乾隆皇帝八十大壽。
一七九一	乾隆五六年	辛亥	三六	任職翰林院，《暮春修禊序》即爲此時作品。接眷來京同住。
一七九二	乾隆五七年	壬子	三七	奉旨擔任福建省秋試（鄉試）主考官，於六月出發，八月抵省，試畢返京途中，又奉旨提督湖南學政於十二月到達湖南。
一七九三	乾隆五八年	癸丑	三八	視學岳陽、長沙、衡陽、永州、祁陽。
一七九四	乾隆五九年	甲寅	三九	至桃源、辰溪、永順、靖州、郴州、桂陽州等地校士。

一七九五	乾隆六十年	乙卯	四十	遊昭山、君山湘妃祠，並至澧州校士。於長沙刊印獨學廬初稿。本年底任滿經邯鄲返京。本年白蓮教作亂秦蜀楚豫間。
一七九六	嘉慶元年	丙辰	四一	返京後重回翰林院擔任修撰。這一年乾隆即位，退居太上皇。
一七九七	嘉慶二年	丁巳	四二	任職翰林院。
一七九八	嘉慶三年	戊午	四三	京察一等以道府記名，二月充上書房總師傅，四月充日講起居注，九月充鄉試磨勘官，十一月即奉旨授四川知府。
一七九九	嘉慶四年	己未	四四	奉命赴四川候補，時方兵戈載道，乃孑身獨往，於元旦自京師出發，二月到成都，即補實重慶知府，於三月二十七日抵渝接任，並奉經略大人檄，總理川東軍務。

一八〇〇	嘉慶五年	庚申	四五	正月白蓮教徒，由開縣擾及重慶在嚴加守備下並將來犯教徒擊退。
一八〇一	嘉慶六年	辛酉	四六	負責四川軍務之威勤公勒保總督徵調琢堂公爲幕友直接參加軍務，「由是佩刀槖筆，日奔走於高牙大纛之間，南至夔門，北至劍閣，迢遰二三千里，荒山窮谷無所不履」。
一八〇二	嘉慶七年	壬戌	四七	仍在軍中服務。 蔣氏夫人病逝於蘇州。
一八〇三	嘉慶八年	癸亥	四八	是年秋，三省教亂廓清，論功加道銜賞花翎。
一八〇四	嘉慶九年	甲子	四九	擔任鄉試內監官。 奉召進京覲見，於臘月下旬，自重慶乘船東下。
一八〇五	嘉慶十年	乙丑	五〇	三月初進宣武門回到京師。 四月引見，奉召以道員任用。 六月初告假返鄉省墓，並接眷同赴四川任所，於

				九月出發十一月到達湖北荊州，得知已調陞潼關道，因此孑身回重慶辦理移交。於重慶刊印獨學廬二稿。
一八〇六	嘉慶十一年	丙寅	五一	是年春，接潼關道，掌管潼關稅務。七月調陞山東按察使，九月接任。
一八〇七	嘉慶十二年	丁卯	五二	於按察使任內，二度代理布政司。因事罷官，於六月重回翰林院任編修職，在史館工作。
				十一月辭官稱病歸隱，卜居杭州紫陽山之麓
一八〇八	嘉慶十三年	戊辰	五三	浙中當事延主杭州紫陽書院講習。爲義烏縣重修忠孝祠作記。
一八〇九	嘉慶十四年	己巳	五四	爲重修杭州法相寺撰文立碑。二月十五日受品蓮和尚之邀遊靈隱寺。
一八一〇	嘉慶十五年	庚午	五五	是年爲沈三白題琉球觀海圖。

				八月至金華觀門生。
一八一一	嘉慶十六年	辛未	五六	重入威勤公兩江幕府，掌文案不久威勤公奉召入閣，賓客皆散。
一八一二	嘉慶十七年	壬申	五七	蘇州老屋經整修後，於是年遷回。 遊金陵清涼山。 爲湯溪縣文廟遷建尊經閣作記。
一八一三	嘉慶十八年	癸酉	五八	再遊金陵，並至隨園看牡丹。後遊揚州。
一八一四	嘉慶十九年	甲戌	五九	主講於金陵江寧書院。 在揚州揚州書局輯全唐文。
一八一五	嘉慶二十年	乙亥	六十	往來江寧維揚間，並在揚州休園小住，有休園八詠。 刻船山詩抄，重雕程氏易簡方論。
一八一六	嘉慶二一年	丙子	六一	歸主蘇州紫陽書院十年於茲，輯有國朝文英集二集爲當時舉子之參考書籍。

一八一七	嘉慶二二年	丁丑	六二	刊印獨學廬三稿。
一八一八	嘉慶二三年	戊寅	六三	因長子同福宰德清而至其地，並撰有德清城隍廟碑記。 重九遊吳興。 鄉人金君東屏繪百老圖，爲之記，琢堂公亦有一肖像在焉。
一八一九	嘉慶二四年	己卯	六四	長子同福宰餘姚，代作餘姚重修學官記。
一八二〇	嘉慶二五年	庚辰	六五	
一八二一	道光元年	辛巳	六六	與宋如林、羅琦修合修蘇州府志一百六十卷 刊印林和靖詩集。
一八二二	道光二年	壬午	六七	於經史巷老宅內築凌波閣，藏書四萬卷。 新正邀潘芝軒、吳棣華、吳藹人三狀元於五柳園小集，當時傳爲美談。
一八二三	道光三年	癸未	六八	仲春之月與尤春樊、黃蕘圃、彭雅泉三人共結問

				梅詩社每月一會，會必有詩。 十一郎逝世，十一郎爲琢堂公第七子時年十六歲 蘇州水災，四鄉哀鴻遍野，琢堂公於官賑之後，發起民間義賑，活人無數。
一八二四	道光四年	甲申	六九	到杭州遊理安寺，再至紹興遊蘭亭，並將重次修禊文鐫石嵌於壁間
一八二五	道光五年	乙酉	七十	刊印獨學廬四稿 石氏家祠落成於五柳園內
一八二六	道光六年	丙戌	七一	長子同福移治山陰，重修縣學，乃爲之記。 遊紹興吼山並訪徐文長青藤書屋。
一八二七	道光七年	丁亥	七二	人日同社諸君集五柳園，此時先後加入問梅詩社者已達十人之多。 與巡撫陶樹等，共同創建吳群五百名賢祠於滄浪亭之西，並撰寫像贊，主持招工刻石嵌諸壁間。

				初夏朱蘭友贊善招同人滄浪修禊 暮秋遊湖州道場山
一八二八	道光八年	戊子	七三	閏五月，初夏同社諸君集五柳園
一八二九	道光九年	己丑	七四	八日集五柳園 四月八日泛舟西湖，並遊雲棲，至孤山謁林和靖祠堂。 秋九月在錢塘子舍作詩一首，子、女、媳、孫均有奉和，已裱成長卷，至今猶存。 生日至虎跑，與長子同福飯於淨慈方丈
一八三〇	道光十年	庚寅	七五	人日集吳棣華廉使池上草堂，問梅詩社於是年已八年，達一百集。 出遊吳江、平望 十二月十九日，同人集五柳園慶坡翁生日，出示家藏東坡先生遺硯

一八三一	道光十一年	辛卯	七六	淮北遭災，大批難民流亡到蘇州，琢堂公力勸當政者，先收容，而後分批資送回鄉。 刊印獨學廬五稿
一八三二	道光十二年	壬辰	七七	
一八三三	道光十三年	癸巳	七八	
一八三四	道光十四年	甲午	七九	吳地又遭水災，再次勸捐賑飢，並埋葬浮葬棺木三萬具之多。
一八三五	道光十五年	乙未	八十	
一八三六	道光十六年	丙申	八一	創修吳縣學宮
一八三七	道光十七年	丁酉	八二	五月初五日，病逝家中，葬於吳縣廣福鄉西磧山祖塋之西。

㈦附錄

1.石公諱韞玉傳

曾孫石循三撰

曾王父在乾隆朝受高廟特達之知，以庚戌恩科進士殿試進呈卷，在第二甲一名，高廟特拔置第一甲一名，授翰林修撰，此異數也，壬子充福建正考官，旋視學湖南，任滿還京，值楚南苗不靖，上垂詢戰事，奏對稱旨，允日講起居注官，直上書房，時和相枋國曾王父不欲依違其間，戊午引例請外除，以知府發往四川，補重慶府，護川東道，經略勒保威勤公知公才櫛綜軍事，調度策應，動合肯綮，至癸亥秋，三省廓清加道銜，賞孔雀翎，尋擢潼商道，在任四月授山東臬司，兩綰藩條，適星使廣興奉命讞他獄，藉事婪索，同官皆受其籠罩曾王父公謁外無一語及私，迺摭拾細事、文致之部議革職，時仁廟初政，特恩改編修入史館，蓋帝心簡在已久矣，曾王父以從軍，久受山巒瘴溼之氣，得軟腳疾，遂引疾乞歸仕宦幾三十年，歸鄉無田可耕，先伯祖敦夫公宰仁和，遂就養焉，浙中當事延主紫陽講席，湖山觴詠無虛夕，後迭主江甯尊經書院，入揚州書局輯全唐文，最後主蘇州紫陽院長，里居又二十二年，以道光丁酉棄養，時年已八十二矣！

光緒十年歲甲孟秋曾孫銘敬識

2. 石公諱韞玉傳

曾孫石孟先撰

琢堂公乾隆癸巳歲入泮，時年十八，二十四歲己亥恩科鄉試中十三名舉人，會試數次未第，至乾隆五十五年庚戌始中第十四名貢士，殿試卷進呈名列第四，純皇帝特擢第一，授職修撰，時年已三十五歲，次年即充武英殿協修；三十七歲放福建主考；試畢即授湖南學政，翰林未散館，即充學政爲前輩所未有異數也；任滿復命，即召見於乾清宮，時值楚苗之變，上詢軍務情形，公奏對稱旨，四十三歲京察一等，以道員記名；二月充上書房總師傅，四月充日講起居注官，九月充鄉試磨勘官；十一月即奉旨授四川知府，是時川陝方用兵，特授公以重寄，次年補重慶府，兼護川東道，總理川東軍務糧餉，經略大臣勒公檄，都司以下悉歸調遣；四十五歲正月，賊犯府城，公防守在土沱地方，擊斃賊衆，擒賊渠甘姓，五月奏加道銜；次年勒公復任川督，調公隨營總理事務；四十七歲以軍功賞花翎，四十八歲凱旋回群，次年充鄉試內監試官，大計卓異，請咨入都，五十歲四月即奉旨記名以道員用；召見垂詢川楚軍務，奏對稱旨，乞假省墓；返家四閱月，十月即升陝西潼關道，五十一歲四月蒞任；七月升山東按察使，九月赴任，冬署布政司，五十二歲再署布政司，一護巡撫事。次年五月，左都御史周廷棟，刑部侍郎廣興，奉命至山東治獄，其時濟南府張鵬昇，因命案誤勘致人命，公詳請參劾，解任質審，其獄尚未結，值兩使至，守令請所以供帳之者，公不允，而廣之治獄，非賄不行，公又禁止寮屬毋得納賄，廣銜之；張乘隙賄廣，因借王三、柳氏和奸之案，草疏劾公故出人罪，總憲周公，深爲不平而不能阻，於是交部嚴議革職，上念及平蜀功，恩賞編修，並在史館效力，公留京五月，聞明年有大考之信，久任外吏，不能作小楷書，復鑒於官場詭譎，感慨良深，於十一月引疾歸；在家享二十餘年田園之樂，歷主紫陽、安定、梅花書院，生於乾隆二十一年（丙子）九月二十一日，歿於道光十七年（丁酉）五月初五日，享壽八十二歲，墓在西磧山之西。

3. 石韞玉小傳　清代鼎甲錄朱沛蓮編著台灣中華書局印行

石韞玉：江蘇吳縣人，字執如，號琢堂，乾隆二十一年生，五十五年庚戌殿試一甲一名，授修撰，五十七年五月爲福建鄉試正考官，八月，提督湖南學政，嘉慶三月，在上書房行走，大考名列三等，罰俸一年，四月爲日講起居注官，累遷於十一年五月，由潼關道遷山東按察使，十二年六月，坐事降調，後佐勒保軍幕，剿戡川楚教匪之亂，多所策劃，定分兵策，兼用堅壁清野之法，賊勢漸衰，叛亂諸酋次第就戮，厥功至偉，勒保因戡亂建功，封一等侯，韞玉亦因軍功洊升魯臬。韞玉早歲以渚生七應總試不售，治學益勤，以文章伏一世，其律身清謹，實不愧爲道學中人，未達時見淫詞小說，輒拉襍摧毀之，收燬幾達萬卷，晚尤嚴正，嘗主講紫陽書院，年近八旬精神矍鑠，健談豪飲，常如五十許人，道光十七年卒，年八十有二，著有《獨學廬詩文稿》。

4.清廉謹正的石韞玉

李嘉球著　蘇州狀元　上海社會科學院出版

在蘇州狀元中，有一位曾掌管潼關之稅務，官至山東按察使、山東布政使，先後爲官十八年，但待到致仕回家時，竟家無餘資，連典質給人家的房子也無錢贖回。此人就是清代乾隆庚戌恩科狀元石韞玉。

石韞玉（一七五六～一八三七），字執如，號琢堂，晚自稱獨學老人，別署花韻庵主人。清代蘇州府吳縣人。其先世祖籍江蘇丹陽。

石韞玉從小聰睿，篤志好學。早年爲躲避城市喧鬧，曾寓居唯亭鎮（今屬吳縣）一個名叫顧鳳梧的親戚家，並讀書於鎮上延福寺。他遍讀群書，學識淵博。與《浮生六記》作者沈三白友情彌篤。

年輕時，石韞玉曾以「辟邪說，挾名教」爲己任。據《清朝野史大觀》（卷十藝苑）等書記載，他見到淫詞小說等一切得罪名教的書籍，「輒拉雜摧燒之」。家中特地置有一紙庫，題名爲「孽海」，先後曾收集燒毀此類書籍幾萬卷。有一天，他翻閱《四朝聞見錄》，突然看到書中有彈劾宋代朱熹的疏章，「誣詆極醜穢」，於是拍案大怒，並馬上脫下妻子手臂上的金跳脫，當得錢五十千，遍搜東南坊肆，共搜買到三百四十餘部，全部燒毀。眞堪稱得上是封建思想的忠實衛道士！

石韞玉早歲即爲諸生，但七應鄉試不售。於是治學更加勤奮刻苦。乾隆四十四年（一七七九年）終於考中舉人。乾隆五十五年（一七九〇年），以一甲一名進士擢取了庚戌恩科狀元，授翰林院修撰。乾隆五十七年（一七九二年），特命典試福建，充當鄉試正考官。考試結束，便奉命提督湖南學政。嘉慶元年（一七九六年），充日講起居注官。嘉慶三年（一七九八年）入直上書房。不久，出任四川重慶府知府，兼護川東道，前後七年，其「寬明敏斷，有循績」（《清史列傳》卷七十二，下同）。後歷任陝西潼商道、山東按察使，三署山東布政使。

嘉慶年間，四川、湖北、陝西等地發生了白蓮教起義。作爲封建朝廷的官吏，自然要爲維護封建統治出謀出力。在鎮壓農民起義的鬥爭中，石韞玉顯得頗有軍事才能。嘉慶五年（一八〇〇年），冉天元等起義軍搶渡嘉陵江，入蓬溪，殺死清朝總兵朱射斗，並準備攻占重慶。身爲知府的石韞玉立即下令嚴兵防守，還親自率領精兵擊「賊」於土沱，並殺死了起義軍的一名領袖；隨即制訂團練法，創辦團練，招募勇士，「習技勇，分班訓練，更番休息」，一旦有情況，警報一響，立即可至，重慶因此而保住了平安。

經略大臣勒保（曾以總統四川軍務兼任總督）十分賞識石韞玉，經朝廷同意將他調到軍營協助軍務。當時，各地起義軍商議聚集川、陝、楚三省間，其中湖北樊人傑實力最強，有十支隊伍，出沒城鄉，使朝廷不得安靜。朝廷決定派重兵先殲滅其一支，然後再圍剿其他起義軍。石韞玉得知後對勒保說：「今兵僅三路，而賊股至數十，若專剿一股，余無兵掩捕，勢且益熾。爲今計，莫若分兵四出，有一股『賊』，即以一路兵迎捕，使無暇劫掠，賊不得食，當自潰」。勒保認爲他說的在理，即吩咐馬上起草奏章，向朝廷陳述此主張。石韞玉力主修築長壽縣城；軍事上採用堅壁清野、分兵合圍、隔而殲之等戰術；還親自制定《守砦方略十二則》，檄行川東、川北。此後，起義軍漸漸被瓦解，起義軍首領也相繼被殺害。在這期間，石韞玉「出入萬山中。晝則上馬追捕，暮則坐廬理牘」（清顧震濤《吳門表隱》卷十八）。因鎮壓起義軍有功，朝廷賞石韞玉戴花翎。

嘉慶十年（一〇八五年），石韞玉因安撫難民和治政有功，升任陝西潼商道，掌管潼關稅務。不久又擢爲山東按察使，兼任山東布政使，後因事被劾革職。清仁宗念他當年「軍營勞績」，賞給他一個翰林院編修頭銜。嘉慶十二年（一八〇七年），石韞玉因足疾乞歸回鄉。

石韞玉爲官清廉，生活儉樸，甘貧樂道。他自三十五歲及第入朝，至五十二歲辭官回鄉，在朝內朝外共做官十八年，但「無寸田尺宅」（石韞玉《城南老屋記》，下同）。以致回到家鄉抵質於他人的祖上舊屋也無法拿錢贖還，只得將家安到長子石同福爲官的浙江紫陽山。眞可謂是「隨身衣食仰給於官，不別治生以長尺寸」！

石韞玉出身平素之家，故能關心和體察民間百姓疾苦，樂於濟貧賑災之事。當年在重慶當太守時，曾收養因戰亂而失散的兒童、婦女數千人，並想方設法幫助尋找家人，使之骨肉團圓。在陝西任潼商道時，正值陝西、山西鬧災荒，山西更加厲害，米價瀑漲，每石漲到銀子十七兩。石韞玉毅然開官倉出售糧食，賑濟山西災民。有人勸他停止出售，因損害朝廷利益，對己沒有好處。石韞玉對來人說道：「晉人亦朝廷赤子，吾不能生令飢餒！」最後使「晉人得食，關中人也獲厚利」（《清史列傳》卷七十二）。

道光三年（一八二三年），吳地遭受水災，百姓無米可炊，忍飢挨餓。石韞玉力請當政者免除米稅，通商販以應急，並勸助賑濟。道光十一年（一八三一年），淮北遭災，大批難民流到蘇州，石韞玉力勸當政者先收容留養，然後分批資送回鄉。道光十四年（一八三四年），吳地又遭水災，他不顧年邁有病，再次捐勸賑饑。他又樂於社會公益事業。道光十六年（一八三六年），他倡修吳縣學宮。是年，朝廷採訪貞節，他與同邑紳士專門設局，「廣採得未旌者三千餘口，咸荷旌典」。其他如善堂、義局，修橋樑、寺觀，施絮糜等，他「必竭力成之」（《吳門表隱》，下同）。他工書法，爲世人所重，他則將寫書法時所「取其薄贈，藉以周困」。其爲人平易近人，性格和善，深受吳地人民尊敬和愛戴。他逝世時，弟子無不失聲痛哭，鄉里百姓亦都掉淚哭泣。巡撫陳鑾將他列祀名賢祠。

嘉慶十二年（一八〇七年）辭官後，石韞玉先掌杭州紫陽書院、江寧尊經書院。

後主講蘇州紫陽書院達二十餘年，培育弟子衆多，爲吳地的文化教育事業作出了很大的貢獻。他身體強健，年近八十，仍精神矍鑠，健談豪飲。道光初，他主修《蘇州府誌》，共一六〇卷，「援古論今，義例賅備；圖表志傳，有條不紊」（宋如林《蘇州府志》序），與乾隆《蘇州府誌》並稱爲善志。道光七年（一八二七年），石韞玉與吳廷琛等倡修滄浪亭五百名賢祠，並親自撰寫像贊。

石韞玉學識博洽，其文章「貫串古今，尤長於經世之學」（《清史列傳》卷七十二），爲後人所推崇。他才思敏捷，作詩援筆立成，並能「破除唐、宋門戶」（同上）。錢仲聯先生在《乾嘉詩壇點將錄》中將他列爲「步軍協理頭二十六員」之一，稱他是「金錢豹子」。其著有《獨學廬詩文集》、《竹堂類稿》十六卷、《竹堂文類》八卷、《花韻庵詩餘》等；並校勘《全唐文》，選刻明八家古文、清十家古文等。他還是位戲曲作家，曾著有《伏生授經》、《羅敷採桑》、《桃源漁父》、《賈島祭詩》、《對山救友》、《琴操參禪》等九部雜劇，合稱爲《花間九奏》，均取材古代文人故事。其中《對山救友》是寫明代狀元康海（別號對山）爲救李夢陽往見劉瑾，遭清議痛責的故事。劇中主要人物和主要事件都有史實根據。石韞玉寫此劇的目的是爲康海辯誣。他於書畫琴棋，無所不精；又好篆刻，承顧苓「塔影園泥」風格，端莊穩健，有《古香林印稿》行世。石韞玉又是位著名的藏書家，曾建有「獨學廬」、「凌波閣」等，藏書二萬餘卷。

石韞玉第宅在蘇州經史巷（今金獅巷），其父親曾購得何焯「賚硯齋」而擴建。所居之南有水池，名曰「柳陰」；池上有五棵古柳樹，合抱參天，故命名爲「五柳園」。舊有「花間草堂」、「花韻庵」、「微波榭」、「舊時月色舫」、「瑤華閣」、「歸雲洞」、「在山泉」、「臥雲精舍」、「夢蝶齋」、「晚香樓」、「獨學廬」、「舒泳齋」、「微麟堂」諸勝。嘉慶十九年（一八一五年），石韞玉「藉朋舊草堂之資，銖積而累」重修。咸豐年間，俞樾曾僑寓於此。

道光十七年（一八三七年），石韞玉病逝家中，享年八十歲。其墓葬在吳縣光福窯上西磧山祖塋西，背山面湖，果林掩蔭，環境幽雅。門人湖廣總督陶澍撰寫墓志銘。墓前牌坊柱上刻著：「有地在心，不求風水好；無田亦祭，只要子孫賢」的對聯。

筆者注：文內載「嘉慶五年（一八〇〇年）；冉天元等起義軍搶渡嘉陵江，入蓬溪殺死總兵朱射斗，並準備攻佔重慶，身爲知府的石韞玉，立即下令嚴兵防守……並殺死起義軍一名領袖」與事實大有出入，重慶保衛戰發生於正月十日而朱射斗之死是在正月十四日。

5. 石韞玉傳　鄧雲鄉著〈水巷桂香〉蘇州狀元譜篇江蘇古吳軒出版社

乾隆五十五年庚戌狀元石韞玉，雖然官也做得不大，但名氣較大，學術貢獻較大。尚多趣事，値得一說。

石名韞玉，字執如，號琢堂，又號獨學老人、歸眞子。二十三歲中舉之後，過了十一年，三十四歲中狀元，授修撰、福建主考。後外官累遷至山東按察使，因失誤革職回京，加恩授編修。不久乞歸，只五十二歲。在鄉三十年，講學南京尊經書院，又主持蘇州紫陽書院長達二十年。參與校勘《全唐文》，主持編纂《蘇州府誌》一百六十卷，道光四年刊行。《昆新合誌》四十二卷，道光六年刊行。他自己的詩文集《獨學廬詩文稿》五十二卷。狀元本來字就寫得好，但不是人人成家，而他卻是著名書法家、古琴演奏家。想來是個多才多藝的學人。他有三件韻事，一是他是藏書家黃丕烈的表兄，因而也好藏書，其藏書多達四萬餘卷。二是他是《浮生六記》作者沈三白的好朋友，沈曾在他官府中做過幕友。三是他道光二年請三位蘇州狀元在家作客，即潘世恩、吳廷琛、吳信中，連他四人，席間各有詩作，後黃丕烈輯爲《狀元會唱和詩》刊行，這是極爲難得的。

6. 石韞玉（一七五六～一八三七）**《五百名賢傳贊》**

清朝大臣。字執如，號琢堂，晚年自稱獨學老人，別署花韻庵主人，吳縣（今江蘇蘇州）人。少聰明，篤志好學。與《浮生六記》作者沈三白友情彌篤。早年爲諸生，七應鄉試不售。治學勤奮。乾隆四十四年（一七七九年）中舉人，五十五年（一七九〇年）以一甲一名掇取庚戌恩科狀元，授翰林院修撰。五十七年，特命典試福建。任鄉試正考官。旋提督湖南學政。嘉慶元年（一七九六年），充日講起居注官。三年，入直上書房。不久，任重慶知府，兼護川東道，歷七年，寬明敏斷，有循績出知重慶府。時川中用兵，從經略大臣勒保辦軍務，調濟得宜。倡築長壽縣城，民賴以安。庚申（一八〇〇年）賊勢甚焰，嚴守無犯。賊更蟻聚川、陝、楚省，韞玉出入萬山中，晝則上馬追捕，暮則坐廬理牘，勤勞三載，以功賞戴花翎。凱旋後，收養被難婦女數千口，飭歸父母夫子家，以全骨肉。丙寅（一八〇六年）蒞潼商道，禁遏糴，以濟晉饑。升山東按察使，兩署布政使。後因事被劾革職，復賞翰林院編修。嘉慶十二年（一八〇七年）引疾歸。居家，主紫陽書院二十年，文風丕振，育弟子衆多。辛巳（一八二一年）聘修《蘇州府誌》，援古迄今，義例賅備；圖表志傳，有條不紊，輯成一百六十卷。與乾隆《蘇州府誌》並稱善誌。癸未歲饑，力請免米稅，通賈應急，勸助賑濟。丁亥（一八二七年）與吳廷琛倡建吳郡名賢祠於滄浪亭，親系贊語，端書勒石。辛卯（一八三一年）力勸留養淮北流民，資送其歸。癸巳（一八三三年）重謁泮宮。其天性純孝，居喪骨立；服官最久，家無餘資，甘貧樂道。工書法，爲世所重。鄉邑善事必竭力成之。宅居蘇州經史巷（今金獅巷），父購何焯「賚硯齊」以築。居南水池，曰「柳陰」，池上五古柳；合抱參天，故名「五柳園」。琴棋書畫，無所不著，又好篆刻。曾建「獨學廬」、「凌波閣」，藏書二萬餘卷。道光十七年病逝家中，享年八十有二。墓在吳縣光福窯上西磧山祖塋西。陶澍撰墓誌銘。列祀名賢祠。著有《獨學廬詩文集》、《竹堂類稿》十六卷、《竹堂文類》八卷、《花韻庵詩餘》等；及《伏生授經》、《羅敷採桑》、《桃源漁父》、《賈島祭詩》、《桃葉渡江》、《梅妃作賦》、《樂天開閣》、《琴操參禪》、《對山救友》等雜劇九部，合稱《花間九奏》。

7.石韞玉的著作　江蘇藝文誌蘇州卷　第二分冊　江蘇人民出版社

石韞玉（一七五六～一八三七）字執如、琢如，號琢堂、竹堂居士、歸眞子，花韻庵主人，晚稱獨學老人。清吳縣人。乾隆五十五年（一七九〇）殿試一甲第一名。授職修撰。五十七年，典試福建，旋視學湖南，歷知四川重慶府，遷陝西潼商道，升山東按察使。川楚教民之亂，韞玉佐勒保軍幕。疾歸，主講紫陽書院二十餘年。著作豐富，

多識錄九卷　經部詩經類　存

道光八年（一八二八）本衙精刻本，北京圖書館藏。

讀左卮言一卷　經部春秋左傳類　存

《獨學盧全稿》本。

讀論質疑一卷　經部四書類　存

道光八年精刻本，北京圖書館藏。

漢書刊訛一卷　史部正史類　存

《獨學廬全稿》本。

（道光）**蘇州府誌**一五〇卷首十卷　史部地理類　存

清宋如林、羅琦修　石韞玉纂

道光四年刻本，北京圖書館等藏。

袁文箋正十六卷補注一卷　集部別集類　存

袁枚撰　石韞玉箋

(1)嘉慶十七年（一八一二）吳縣石氏刻本，台灣大學圖書館藏。

(2)道光八年啓智書局刻本，台北私立東海大學圖書館藏。

(3)光緒汗青簃刻本。

(4)光緒十四年（一八八八）上海蜚英館石印本。

(5)《掃葉山房叢鈔》本。

(6)光緒八年刻本，日本大阪等地藏。

(7)上海會文堂書局石印本，附增訂四卷。

船山詩草選六卷　集部別集類　存

清張問陶撰　石韞玉選

(1)嘉慶二十三年吳縣學耕堂刻本。

(2)民國間影印嘉慶本。

(3)《士禮居黃氏叢書》本。

(4)《叢書集成初編》本。

竹堂類稿十六卷　集部別集類　存

清抄本，北京圖書館藏。

竹堂文類一卷　集部別集類　存

清抄本，清沈濤朱筆校圈，中山大學圖書館藏。

竹堂文類八卷　集部別集類　存

(1)清抄本，北京圖書館藏。

(2)抄本，南開大學圖書館藏。

獨學廬尺稿偶存二卷　集部別集類　存

道光三年刻本，見《販書偶記》第四二三頁。

湖中草二卷　集部別集類

見一九八三年《唐至清代湘潭人士著述目錄》。

獨學廬初稿詩八卷文三卷　集部別集類　存

獨學廬二稿詩三卷文三卷　集部別集類　存

獨學廬三稿文五卷晚香樓集六卷　集部別集類　存

獨學廬四稿文五卷詩池上集四卷　集部別集類　存

獨學廬五稿詩燕居集五卷文三卷補遺一卷　集部別集類　存

以上五種有《獨學廬全稿》本。

獨學廬外集一卷　集部別集類　存

原刻本，南京圖書館藏。

文選編珠二卷　集部總集類　存

石韞玉輯

(1)《碧琳瑯館叢書》本。

(2)《芋園叢書》本。

明八家文選八卷　集部總集類　存

石韞玉輯

道光八年刻本，南京圖書館藏。

花間樂府一卷外集一卷　集部詞曲類　存

花韻庵詩餘一卷　集部詞曲類　存

微波詞四卷　集部詞曲類　存

以上三種《獨學廬全稿》本。

花韻庵南北曲一卷　集部詞曲類　存

《飲虹簃校刻清人散曲》本。

花間九奏九卷　集部詞曲類　存

(1)嘉慶石氏花韻庵刻本，北京圖書館藏。

(2)《清人雜劇初集》本。

子目：

《伏生授經》一卷

《羅敷採桑》一卷

《桃葉渡江》一卷

《桃源漁父》一卷

《梅妃作賦》一卷

《樂天開閣》一卷

《賈島祭詩》一卷

《琴島參禪》一卷

《對山救友》一卷

紅樓夢傳奇　集部詞曲類

見《全清散曲》第一二〇四頁。

獨學廬全稿　叢書類　存

乾隆嘉慶間刻本，南京圖書館、復旦大學圖書館、南開大學圖書館等藏。

子目見上。

按：《國朝文匯》乙集卷五收其文五篇。《印須集》收其詩十五首。

8.吳縣石韞玉的文化藝術成就

《蘇州狀元》　蘇州大學出版社

吳縣石韞玉（號琢堂）才思敏捷，作詩援筆立成，風發泉湧，取法唐、宋名家，而又能破唐、宋門戶。錢仲聯在《乾嘉詩壇點將錄》中將他列爲「步軍協理頭二十六員」之一，稱他是「金錢豹子」。法式善《梧門詩話》云：「石琢堂廉訪詩，格高律細，胎息唐賢。王柳村謂與秦小峴、阮雲台皆江左正聲，非謬也。」潘煥龍《臥園詩話》載：「東吳石涿堂韞玉廉訪《獨學盧稿》，詩極秀潔。《岳陽樓》云：『蕭蕭木落系蘭舟，遙指君山似髻浮。孤雁一聲天在水，斜陽千里客登樓。魚龍浪靜滄江晚，橘柚霜寒白屋秋。生遇聖明全盛日，江湖廊廟兩無憂。』《舟行雜詩》云：『渡頭誰問孝廉船，秋水如藍一棹煙。無恙布帆天上坐，此來原自五雲邊。』『酒旗風颭杏花村，野店人稀掩篳門。鶗鴂一聲山雨足，板橋綠到舊潮痕。』」石韞玉爲詩還以善記事見長。他任四川重慶知府時，正值川、陜、楚等地白蓮教起事，清政府派四川總督勒保任經略大臣，節制五省軍務，鎮壓起義軍。勒保曾調他到軍營幕府，總理行營事務。在這期間，他寫下了七律《即事雜詩》十八首，每首詩後都作注釋，記述了戰爭的經過和他本人的經歷、很有氣勢，成爲後人研究白蓮教起義的重要資料。

石韞玉晚年家居，召集吳中耆舊，結成「問梅詩社」，初春常結伴行吟鄧尉「香雪海」；又舉辦「碧桃詩會」，與張邦弼、顧莪庭、沈清瑞、趙開仲、景書常等唱和其間。（筆者按：「問梅詩社」與鄧尉「香雪海」無關，又「碧桃詩會」成立在「問梅詩社」以前，見石公諱韞玉傳，頁一二三。）

石韞玉學識博洽，其文章「貫串古今，尤長于經世之學」（《清史列傳》卷七十二）。他曾應邀到揚州書局校勘《全唐文》，選刻過《明八家古文》、《清十家古文》。著作有《獨學廬詩文集》、《竹堂類稿》、《竹堂文類》、《花韻庵詩餘》等數十卷。他還是一位有名的戲曲作家，傳世的雜劇有《伏生授經》、《羅敷採桑》、《桃源漁父》、《賈島祭詩》、《對山救友》、《琴操參禪》等九部，合稱《花間九奏》，均取材於古代文人故事。其中，《對山救友》是寫明代狀元康海（別號對山）爲救李夢陽往見劉瑾，遭清議痛責的故事，劇中主要人物和主要事件都有史實根據。石韞玉寫此劇的目的是爲康海辯誣。狀元寫狀元，在中國戲曲文學史上也屬罕見。

石韞玉多才多藝，書畫琴棋，無所不精；又好篆刻，承顧芩「塔影園泥」風格，端莊穩健，有《古香林印稿》行世。他又是立著名藏書家，築有「獨學廬」、「凌波閣」等，藏書四萬餘卷。

9. 幾則有關琢堂公的故事

(1)琢堂公小的時候，就讀於私塾，每天背著書包去上學，有一天，看到一隊迎親的行列，在花轎後面有一個披麻戴孝的人，跟在後面，他覺得很奇怪，於是也就跟著走，花轎進了大門，到了禮堂，披麻戴孝的人就朝新房裡跑，走進床後就不見了，他也呆呆的站在那裡，看看是不是還會出來，結果被辦喜事人家發現，一個上學的小孩不去上學，卻呆在新房裡，既非親戚，又非鄰居，問他爲什麼站在那裡，於是他就一五一十把發現的經過說了出來，頓時這家人就緊張起來，不知是什麼預兆，馬上把算命先生請來，問他爲什麼選定這麼一個日子來害人，算命先生說：今天是紅沙日，本來是一個不祥的日子，但有貴人來沖破，才選定的，這一家姓蔣，在蘇州是望族，後來把他家的一位小姐許配給他，他的原配蔣氏是這樣來的。

(2)琢堂公在考試的路上並不順利，考貢士一共考了五次都沒有上榜，在第五次落榜後回家，這時蘇州書店出現了一部淫書，他是讀聖賢書的人，當然非常氣憤，要想把書買來燒掉，以免流傳傷風敗俗，可是他沒有餘錢來實行他的壯舉，最後把他夫人手上的一對金鐲，拿去賣了，變了錢，把書統統搜購，一把火給燒了。第二年就高中狀元，他殿試的成績閱卷大臣把他排在第四，乾隆皇帝不知什麼道理，珠筆一勾，把第四變成了第一，我家傳說是陰功積德所致。這個故事是有出入的，他第五次考貢士失敗後，因為第二年還有一次會試，所以並沒有回家，當然不可能有燒燬淫書的事；不過在清朝野史大觀第十卷中，卻有類似的記載：石狀元年輕時，即以「辟邪說，挾名教」為己任，凡是見到淫詞小說等一切得罪於名教的圖書，便都出錢買下，拿到家裡一把火統統付之一炬，因此他在家中院子裡特地建了一個燒紙庫，題名為「孽海」，有一天他在書攤上翻閱「四朝見聞錄」，發現書中有一篇彈劾宋代大儒朱熹的疏章，朱熹在當時在讀書人眼裡是與孔子一樣尊敬稱為朱天子，頓時大怒，認為大不敬，馬上回家脫下妻子手臂上的金鐲子，當得銀錢五十千，找遍城裡的書攤、書坊，共搜買到三百四十餘部，全部燒燬之。

(3)乾隆四十四年（己亥年），是他考取舉人的那一年，在沒有秋試以前，他在澄江（現江陰）遊墓，同事中有會扶乩的，為他問功名的前途，沙盤上連寫三個魁字，後來果然鄉試第十三、會試第十四、殿試第一；又一次請到了徐霞客，稱他為故人，並指他前生是一個善於喝酒的豪客，平生好義有勇，喜歡打抱不平，幫助別人的人，因此與世道不合，一生並不得意，我們曾經共同出遊，在天台山石梁上共同題壁，你後來因家累中途分手，如今我已證道列入仙班，而故人仍在拖泥帶水中，實在可歎！

(4)琢堂公是一位不倚仗權勢，不信迷信的好人，道光初年，他在蘇州光福鎭西磧山修造祖墳，對面正好有一座磚窯和冶煉金屬的作坊，風水先生認爲磚窯和作坊沖了好風水，極不吉利，因此有人建議出點錢，設法讓磚窯和作坊搬走，依當時他的關係來說，這點事並不難辦，他是朝廷的三品大官，與當時的江蘇巡撫梁章鉅是好朋友，而他的大兒子（同福公）又是杭州太守，但是他並不同意，他不肯去侵害無權無勢的老百姓，他說：損人利己的事我絕對不做，即使他們不搬走，也未必眞的對我家不利，他的兒子多次向他勸說要愼重考慮，但他堅決不爲所動，祖墳修好後，親自書寫了一副對聯，刻在墓的兩旁石柱上，對聯是這樣寫的：「有地在心不求風水好，無田亦祭只要子孫賢。」我家自琢堂公之後，子孫並不昌旺，也許眞的與此事有關。

註①：梁章鉅字茞林，初任江蘇布政司，後任江蘇巡撫。

七、附記

在《獨學廬》全集內，有兩篇與蘇州文物有關的詩文，值得關心蘇州文物者之參考、查證。

(一)周瑜手植柏歌（載於獨學廬初稿卷一雲留舊草集是琢堂公詩稿中第七首詩）

吳趨萬井相蟬聯，中有蔚藍古洞天，城市之中搆林壑，繞植花木疏清泉，太乙壇西有古柏，森森翠蓋撐檐前，孫吳都督手所植，秋霜春雨經千年，其身兩人不能抱，高枝曲屈排蒼煙，蒼龍蟠空鱗甲動，欲飛不飛勢蜿蜒，昔公天生梁棟器，樹功誰敢先著鞭，帳下名材亦林立，唯杞與梓楠與梗，赤辟一戰收眾力，摧枯拉朽無迍邅，乃知樹人如樹木，是唯良材節乃堅，豈曰卷曲臃腫者，不材之木天始全，將軍大樹今已矣，此樹婆娑今尚傳。

㈡百老圖記

（載於獨學廬四稿上冊卷一，記得一九四五年勝利還都，回到蘇州，家母曾告知，滄浪亭前有一巨石，刻有一幅百老圖，在左下方者即爲我家狀元老太爺，乃前往遊覽，故如所説一九九〇年回大陸，走訪時已不復見，可能已被掩埋於叢草中矣）

人生五倫之中，君父一而已，兄弟夫婦皆有數，惟朋友則盡四海九州之人而皆是也，然死生聚散，人皆不得免焉，欲求其聲音笑貌常在目前，此必不可得之勢也，金君東屏善繪事寫眞尤工，晚年發願爲百老圖，自搢紳先生以及縫掖之士、布衣之人無所擇，第澤其有文行，而歲在六十以上者由一人二人積至百有餘人矣，心猶未已也，吾鄉耆艾無不與焉，四海九州之人亦往往而在，暇日攜以示予，其不相識者姑置之，但平生有一面之交者，皆能識其爲某人某人，嗟乎！技至此亦神矣，維時予年六十有三，已及格，因亦爲予肖一像，解衣坦腹而坐，旁臥一鹿，置盆水於前，旁薄自得之致，流露於豪楮間，予生平所畫眞，未有肖於此者也，因思人生不過百年，惟託諸翰墨，乃可以不朽，史乘可以傳人姓名，詩文可以傳人性靈，獨至容貌顏色非畫不傳，今此冊中人，逝者已多矣，而披圖者，宛然同堂、接席，謦欬乎其側也，更歷數十年畫中人，無一存者，而容貌顏色，長存於天地之間，是此一百有餘人，皆因斯圖而不死也，是可述也。